计算机专业课程思政建设探索

郭玉芝　赵　磊　吴艳真◎著

线装书局

图书在版编目（CIP）数据

计算机专业课程思政建设探索/郭玉芝，赵磊，吴艳真著.--北京：线装书局，2024.1
ISBN 978-7-5120-5939-9

Ⅰ.①计… Ⅱ.①郭… ②赵… ③吴… Ⅲ.①高等学校－思想政治教育－教学研究－中国 Ⅳ.①G641

中国国家版本馆CIP数据核字(2024)第046366号

计算机专业课程思政建设探索
JISUANJI ZHUANYE KECHENG SIZHENG JIANSHE TANSUO

作　　者：郭玉芝　赵　磊　吴艳真
责任编辑：温　暄
出版发行：线装书局
　　　　　地　　址：北京市丰台区方庄日月天地大厦B座17层（100078）
　　　　　电　　话：010-58077126（发行部）010-58076938（总编室）
　　　　　网　　址：www.zgxzsj.com
经　　销：新华书店
印　　制：北京四海锦诚印刷技术有限公司
开　　本：787mm×1092mm　　1/16
印　　张：11.25
字　　数：208千字
版　　次：2024年1月第1版第1次印刷
定　　价：78.00元

线装书局官方微信

前　言

　　随着计算机科技的不断发展和蓬勃兴起，计算机专业已经成为当今世界各国高等教育中的一项核心课程。计算机专业不仅是技术的应用，还涉及解决社会问题的能力。计算机专业毕业生将在各种领域发挥至关重要的作用，包括信息安全、人工智能、大数据分析等，这些领域不仅对技术能力有高要求，还需要专业人士具备道德和伦理的思考能力。计算机专业的学生需要在日常实践中树立正确的价值观，遵守伦理规范，以维护社会和谐和公平。因此，在培养计算机专业人才的过程中，思想政治教育至关重要。

　　基于此，本书以"计算机专业课程思政建设探索"为题，在论述课程思政的内涵、课程思政的特点与教育意义、思想政治课程与课程思政的关系、计算机专业课程思政意义的基础上，首先，分析思想政治教育理论基础、课程思政教育原理；然后，讨论计算机专业课程建设与保障、计算机专业课程教学方法、计算机专业课程思政建设策略；最后，研究计算机专业课程思政的融合实现，包括数据库程序设计课程中思政元素的挖掘、数据结构课程与课程思政的融合实践、编译原理课程思政的教学实践、计算机网络课程思想政治教育教学体系、C语言融入课程思政的教学实践。

　　本书内容新颖，结构合理，将计算机专业与思想政治教育两个领域有机结合，强调了这两个领域之间的交叉点，不仅提供了计算机科技的基础知识，还强调了思想政治教育的核心理念，为学生提供了全面的教育体验。

　　笔者在本书的写作过程中，得到了许多专家学者的帮助和指导，在此表示诚挚的谢意。由于笔者水平有限，加之时间仓促，书中所涉及的内容难免有疏漏之处，希望各位读者多提宝贵意见，以便笔者进一步修改，使之更加完善。

目　录

前　言 ……………………………………………………………………………… 1

第一章　绪论 ……………………………………………………………………… 1

　　第一节　课程思政的内涵 ………………………………………………… 1

　　第二节　课程思政的特点与教育意义 …………………………………… 6

　　第三节　思想政治课程与课程思政的关系 ……………………………… 15

　　第四节　计算机专业课程思政的意义 …………………………………… 21

第二章　思想政治教育理论基础 ………………………………………………… 24

　　第一节　思想政治教育的理念 …………………………………………… 24

　　第二节　思想政治教育的价值 …………………………………………… 28

　　第三节　思想政治教育的目标及其架构 ………………………………… 40

　　第四节　思想政治教育的内容与方法创新 ……………………………… 48

第三章　课程思政教育原理阐述 ………………………………………………… 56

　　第一节　课程思政与学生的主体性发展 ………………………………… 56

　　第二节　课程思政教育的目标与规律 …………………………………… 61

　　第三节　课程思政的育人体系建设 ……………………………………… 65

第四章　计算机专业课程建设与保障 …………………………………………… 73

　　第一节　计算机课程教学资源建设 ……………………………………… 73

　　第二节　计算机专业课程的改革与建设 ………………………………… 75

　　第三节　基于信息技术的计算机课堂教学 ……………………………… 87

第四节　计算机专业课程的师资队伍保障 ························· 99

第五章　计算机专业课程教学方法探索 ························· 104

第一节　计算机课程教学中的任务驱动法 ····················· 104

第二节　计算机课程教学中的有效教学法 ····················· 117

第三节　计算机课程教学中的项目教学法 ····················· 122

第四节　计算机课程教学中的行为导向教学法 ················· 137

第六章　计算机专业课程思政建设策略 ························· 141

第一节　计算机课程与课程思政融合的可行性 ················· 141

第二节　计算机专业课与课程思政融合的方式 ················· 143

第三节　计算机专业课程思政与工匠精神的融合发展 ··········· 147

第四节　"三全育人"视角下计算机专业课程思政建设策略 ······· 150

第七章　计算机专业课程思政的融合实现 ····················· 155

第一节　数据库程序设计课程中思政元素的挖掘 ··············· 155

第二节　数据结构课程与课程思政的融合实践 ················· 156

第三节　编译原理课程思政的教学实践 ······················· 160

第四节　计算机网络课程思想政治教育教学体系 ··············· 162

第五节　C 语言融入课程思政的教学实践 ····················· 165

参考文献 ··· 170

第一章 绪 论

第一节 课程思政的内涵

教育肩负着培养德智体美劳全面发展的社会主义事业建设者和接班人的重大任务，学校要坚持把立德树人作为中心环节，把思想政治工作贯穿教育教学全过程，使各类课程与思想政治理论课形成协同效应。课程思政作为思想政治教育的重要载体，是落实学校立德树人根本任务的理念创新和实践创新，也是学校推动课堂教学改革和提升课程育人质量的有效途径。

"课程思政建设是思想政治教育的重要组成部分与有效实现形式，也是思想政治教育深化发展的新阶段。课程思政是一种新型的综合教育理念，强调要调动教育场所所有的教育资源，统一开展思政教育。"① 如何进一步推进学校课程思政建设，确保学校教育中实践探索的正确方向与根本成效，需要就学校课程思政建设的指导思想与根本遵循达成基本共识。这就需要不断探索思想政治教育的新形式、新途径、新方法，通过构建全程育人、全员育人、全方位育人的思想政治教育新格局，真正实现知识传授与思想引领的有效统一。

一、课程思政的根本任务

课程思政的根本任务是立德树人。立德树人的根本要求是由中国特色社会主义的制度优势所决定的，中华人民共和国成立以来，中华民族经历了从站起来、富起来到强起来的伟大飞跃，其根本原因就在于我们党领导人民建立和完善了中国特色社会主义制度。中国的制度优势是过去我们取得巨大成就的根本原因，更是实现中华民族伟大复兴的根本制度保障。因此，立德树人任务的实现从根本上关系着我国社会主义建设事业的战略目标。学

① 冯翠平. 课程思政与思想政治课程协同育人探索 [J]. 中学政治教学参考，2023（5）：21.

校课程思政建设明确了立德树人的根本要求——培养社会主义建设者和接班人，培养一代又一代拥护中国共产党领导和我国社会主义制度、立志为中国特色社会主义事业奋斗终生的有用人才。

立德树人的最高层次要求是政治品德，政治品德确保高等教育人才培养的政治方向，对个人成长与发展产生强有力、最持久的内在驱动力，更是对个体社会公德、职业道德与家庭美德的完善与提升起着引领与导向作用。立德树人的具体要求则是培养德才兼备的时代新人，这也是我国高等教育的时代要求。时代新人要有理想，有梦想。在中华民族伟大复兴梦想的引导下，时代新人应当将个人追求融入民族复兴的伟大事业中；时代新人应当具有自觉的责任意识与奉献精神，脚踏实地干事创业，知行合一、求真务实；时代新人更要继承中华传统美德，弘扬社会主义道德，崇德向善，自觉主动引领社会发展。

以立德树人为根本任务的课程思政建设从根本上构建出立德与求知相统一的课程发展观，将学生的长远发展与国家和社会的发展有机结合起来，最终实现受教育者个人价值与社会价值的统一。学校立德树人教育目标的实现需要从加强课程建设、师德师风等方面全面统筹规划。

第一，将立德树人观融入各类课程，构建课程思政协同体系。学校专业课程不单单是知识与技能的传递，更应满足学生精神成长的需求，实现对学生思想与行为的价值引领。通过整合各类课程的思想政治教育资源，形成各类课程与思想政治理论课的协同建设与有机配合，有助于解决各类课程教学中重专业而轻德育、重知识而轻价值的普遍问题。各类课程真正实现与思想政治理论课同向同行，形成协同效应，实现对受教育者的全程育人、全员育人、全方位育人。

第二，学校课程思政建设需要教师深化思想认识，加强师德师风建设。在全程育人、全员育人、全方位育人的要求下，学校课程思政建设的关键在教师，关键在于发挥教师的积极性、主动性、创造性。教师能否具有较强的政治意识、能否充分意识到育人内涵的全面性、能否实现课程知识性与价值性的统一直接关系着学校课程思政建设的成效，也关系着立德树人根本任务的实现。教师的关键性还体现在教师人格魅力与师德师风的感召力上，需要将师德师风建设放在突出的地位长期抓好抓实。政治要强、情怀要深、思维要新、视野要广、自律要严、人格要正，这不仅仅是对于思想政治理论课教师的要求，更是每一位教师都应遵循的师道。在课堂教学之外，教师时时以深厚的学养塑造学生，用高尚的人格感染学生，做学生健康成长的指导者和社会文明的引领者。

二、课程思政的基本理念

思想政治理论课为落实立德树人根本任务发挥了重要作用，是培养一代又一代社会主义建设者和接班人的重要保障。针对学生思维活跃、感触敏锐、自尊心与独立性强以及价值观趋向多元化的特点，高校思想政治教育必须适应时代需求，秉持课程思政隐性教育的基本理念，不断探索有效教育形式。

（一）重视课程思政隐性教育的作用

思想政治教育中的显性教育方式侧重于对政治道德规范的直接宣示，在教学方式上通常采用解释、规劝、说服等正面、直接的方法，教学目标往往致力于使学生立即接受教育者的思想与观点。作为传统教育的主要方式，显性教育一直在我国思想政治教育中居于主导地位并发挥重要作用。显性思想政治教育的直接体现和要求就是要旗帜鲜明地开好思想政治理论课，充分发挥思政课价值引领的显性作用，真正体现中国特色社会主义的道路自信、理论自信、制度自信、文化自信。随着当代社会环境及学生思想观念的变化，隐性教育逐渐成为思想政治教育中必不可少的重要理念与组成部分。

思想政治教育中的隐性教育主要是指教育者以隐性课程、文化传统和环境情境为载体，引导学生在体验、分享中获得身心和个性发展，最终形成正确的价值观、理想信念和道德观念。作为一种相对复杂的教育方法，隐性教育在教育意图和目的上具有隐蔽性与暗示性，教育内容与目标并非直接暴露；在教育方式上具有间接性与渗透性，常体现为一种渗透式教育理念；在教育过程中具有体验性和分享性，追求长期效果。侧重引导教育对象主要经由非认知心理获得教育性经验，有利于受教育者在平等对话中无意识地习得价值观，实现道德的选择，学生在不知不觉中自愿接受教育者观点。与显性教育容易忽视学生自主性、创造性不同的是，隐性教育通过灵活多样的主观载体和客观载体实现对受教育者的暗示与启迪，学生在潜移默化中认同教育内容并转化为自觉行动，最终实现立德树人教育之根本目标。

（二）课程思政隐性教育理念的实现

课程思政有效协同思想政治理论课需要充分发挥隐性教育的优势，将隐性教育的根本理念贯穿于学校课程思政建设中。这就要求教育者在教学过程中既要注重借鉴隐性教育理念，提升思想政治教育元素融入专业课程内容的契合度，注重学生的体验与行为引导，又要重视教师自身言传身教的示范作用。

第一，提升思想政治教育融入专业课程的契合度。在具体教学实践中，教育者应立足学校自身实际情况，结合专业课程特色，提炼出家国情怀、法治精神、社会责任、文化自信、人文关怀等要素，有机融入专业课程内容。教师也要恰当把握思政元素融入的比例、时机、方式，在不冲淡专业教育的同时，做到专业内容与思想内容的相得益彰。通过灵活多样的课堂形式和生动有趣的话语传播，真正提升课程思政的实效性。

第二，注重学生的体验与行为引导。隐性教育在教学过程中具有体验性和分享性特征。一方面，通过教育过程中的角色体验、情感体验、行为体验以及过程分享和结果分享，淡化教师主体性，尊重学生的主体性，重视师生互动；另一方面，借鉴研究性学习的理念，改变以往教师主导模式，引导学生积极参与。学生通过参与教学活动，体验生命意义与价值关怀，并在课程运行中习得专业知识的同时，不断获得思想与道德的发展动力与能力。

第三，通过教师示范实现价值引导。隐性教育在实现过程中具有隐蔽性和暗示性特征，教师的言行举止、品格学识对学生时刻产生潜移默化的影响。这就要求课程思政建设中每一个教师都应具备率先垂范、为人师表的基本素质，始终对学生人格形成与发展产生无形引导，真正发挥教育者的示范与引导作用。

三、课程思政的模式体现

思想政治教育工作在社会主义现代化建设中承担着极其重要的责任，也是为实现中华民族伟大复兴的中国梦而需要完成的基本工作。思想政治理论课程一直是对学生进行思想政治教育的主渠道，它将马克思主义理论同中国特色社会主义建设实践紧密结合，将德育工作与中国特色社会主义理论、中华优秀传统文化紧密结合，体现了思政教育工作的方向和宗旨。但是仅仅有思想政治理论课却是远远不够的，学生在学校所学习的自然、社会思维方面的知识是世界观和正确道德行为的基础。在实际操作中，要把握住思想政治课程与课程思政的协同育人效应，实现课程思政中专业教育课、综合素养课与第二课堂的三位一体育人新模式。

（一）综合素养课

作为思想政治教育隐形阵地的综合素养课，主要由通识教育课和公共基础课组成，在对学生进行思政教育应引导和强化其教育作用，在知识传授中重视主流价值的引领作用，着力将思想政治教育贯穿于综合素养课教学的全过程，着力将教书育人内涵落实于课堂教学这一主渠道之中。

在课堂教学中，既注重在价值引领中提炼知识内涵，又注重在知识传播中突出价值传播。引导学生不仅提高学习知识的能力，而且熟练掌握运用待人处世的技巧，培养学生良好的品格心性，使课堂教学过程成为引导学生形成系统的知识体系、坚定的意志心志以及优良品性的过程，充分凸显课堂教学在育人方面的成效，实现育人效果最大化。

综合素养课程在课程思政中的作用在于通过通识教育根植理想信念，坚定课程思政的政治方向和思想引领，彰显综合素养课程的意义、使命，以潜移默化的方式将科学的价值观和健康的理想信念有效传导给学生。

（二）专业教育课

1. 发挥专业课的思想政治教育作用

专业课程注重以技能知识专业化为主要特征开展育人工作。为实现专业课的思想政治教育作用，应该做到以下方面：

（1）根据自然科学和哲学社会科学课程不同特性，分别挖掘两者蕴含的思政教育资源。

（2）从教学目标、教学内容和环节、教学策略与方法、教学资源分配等多方面考虑，制定较为完善的试点方案，编写具有相对权威性的教学指南。

（3）在试点基础上，从贯穿于教学全过程的各个方面提出带有相关建设性意见的方案。

2. 提高思政教育与专业课程教学的融合程度

学校专业课涵盖的丰富的思想教育元素是学生思政教育的重要工具，促进思政教育与专业课程融合，以专业教学，特别是以教学实践环节作为重要教育渠道，不仅能够对学生进行更为有效的思政教育，还能够深化教育教学改革，拓宽学科应用范围，最大程度发挥专业课程的育人作用。要做到这一点，必须做好以下四个方面的工作：

（1）深入挖掘专业学科中蕴含的思政教育内容，精心研究设计课程教学的各个组成部分，有针对性地做好提高学生的思想政治素质，培养向上的心理品质方面的相关准备。

（2）悉心教授专业知识，建立和完善学生的知识结构体系，让学生明白踏踏实实的专业学习是立足之本，明白将专业知识转化为成果是回报社会的基础，确立人生前进方向。

（3）注重培养教师的自我效能感，提高教师在教育教学过程中的自信，要通过向学生传递肯定的信息，强化学生的成就动机，实现培训效果最大化。

（4）将实践能力考核标准精细化，提高实践能力评价的权重，鼓励和引导学生重视实践，经受锤炼，为学生在综合能力方面实现较大突破提供政策支持。

（三）第二课堂

第二课堂是相对课堂教学而言的，课堂教学是依据教学大纲要求，在规定的学时内由教师向学生传授知识和技能的全过程，而第二课堂是指在课堂教学以外的时间进行的教育教学活动。

学校在课程思政实践过程中，要把立德树人作为根本导向，科学设计载体，创新工作举措，将第二课堂与课堂思政有机结合，建立立体化思政教育工作体系。学校应建立课堂思政和第二课堂思政教育的协同有效运行机制，细化目标管理体制，明确育人责任；同时建立健全第二课堂思政的制度和后勤保障，并建立相应评价系统和激励机制；在此基础上，应依托校园文化和各类学生群团组织，打造文化品牌，搭建主题社会实践活动平台，探索重大事件思政和节日思政，利用好互联网+新兴媒体等第二课堂思政载体，以文化人，以习育人，实现学生思想道德素质教育内化于心，外化于行。

第二节　课程思政的特点与教育意义

一、课程思政的特点

（一）课程思政具有隐蔽性特点

"形式"，使其在教学过程中不被学生直接察觉到。所以，课程思政是"隐形"之教，它所追求的价值观引导是隐蔽于教育教学活动中，其隐蔽性具体主要表现在以下两个方面：

一方面，施教过程的隐蔽性。专业课教师进行课程思政建设，是将政治引导、思想引领、道德熏陶、心理健康教育、劳动教育等方面的内容渗透于专业知识之中，使学生在学习专业知识的过程中接受价值观教育。专业课教师所开展的课程思政施教过程也是其所隐喻其中的价值观引导过程，学生所直接关注的是专业知识的学习活动，而没有直接体验到价值观引导活动，甚至没有感觉到价值观引导的存在，因此其施教过程是隐蔽的。虽然专业课教师具有明确的价值观引导动机，但却没有外在的表露出来，因此这种施教过程与思想政治理论课具有明确的施教动机和过程不同。值得注意的是，这种隐蔽性必然要求专业课教师并不是将价值观引导标签式地贴到专业知识中，而是要实现价值观引导与专业知识教育的合二为一，达到价值观教育与专业知识教育形式与内容上一体化。

另一方面，受教结果的隐蔽性。课程思政改革要求专业课教师将思想政治教育元素熔铸在专业课程的专业知识中，对于学生而言，在整个施教过程中，他们的整个思想是向专业课教师的施教开放的，不存在主观的"封闭"和"逆反"倾向，所以其教育效果是突出的。但是由于专业课教师进行价值观引导的施教过程也是专业知识的传授过程，学生所直接关注的焦点在专业知识上，而不是其背后蕴含的思想政治教育资源。因此，课程思政所取得的价值观教育的效果往往会被专业知识的传授所暂时遮蔽，一般不会即时即刻地暴露出来。从这一意义上来看，课程思政有异于思想政治理论课，教育效果具有滞后性。

总而言之，我国高校专业课教师对学生进行价值观引导的方式是隐蔽的，因此，我国高校的课程思政具有隐蔽性。

（二）课程思政具有依附性特点

我国高校专业课教师无法孤立地对新时代学生进行价值观引导，而是要依附一定的载体，通过这个载体将专业知识蕴含的思想政治教育元素不知不觉地融进新时代学生的心灵，并对其产生影响和发挥作用，这一载体就是专业课程，所以依附性是我国高校课程思政的特点之一。专业课教师只有全面、正确地把握依附性这一特点，才能增强新时代学生价值观教育的实效性，提升价值观教育的渗透力、感召力、说服力和吸引力。因此，专业课教师需对自身所授的课程进行精心设计，精心组织教育教学活动，使新时代学生身体力行，积极参与，从中陶冶情操、树立信念、培养意志。

课程思政建设要求专业课教师利用特定的课程，向新时代学生传递专业知识中蕴含的思想政治教育要素。这种课程能够由专业课教师来控制和引导。专业课程是联系专业课教师与新时代学生的形式和工具，双方需要依附于这种形式和工具进行双向互动。课程思政的核心在于培养人才，专业课程教学致力于实现知识传授与价值引领的同步共振，使新时代学生在学习专业知识的同时，接受到价值观的熏陶，从而成为合格的社会主义建设者和可靠的接班人。专业课程承载了丰富的思想政治教育资源，专门培训过的高校专业课教师能够掌握和运用以课堂教学为主要表现形式的专业课程。在我国高校的课程思政建设过程中，专业课教师与学生之间通过依附专业课程教学这一有效方式进行多维互动，产生积极的教育效果，以实现对学生价值观教育的目标。

总而言之，专业课教师需依附专业课程来对学生进行价值观引导，所以，我国高校的课程思政具有依附性。

（三）课程思政具有浸润性特点

"课程思政的浸润性是指积极挖掘每个专业、各类学科以及课程潜在的思想政治教育资源，并通过课堂教学展现出来，将这些思想政治元素浸润到课堂教学的全过程中，这实质上是一种隐性思想政治教育方法，是与理论灌输法的一个显著区别。"①

思想政治理论课与其他课程的一个显著不同就是自身的特殊性质，就是要将思想政治理论传授给受教育者，这显而易见是一种显性思想政治教育。课程思政则不同，它是要求专业课教师在讲授相关学科知识理论时渗透价值观引导，将价值观引导寓于每个专业、各类学科以及课程之中是显在的，但其本身的存在方式是内隐的，是一种隐性思想政治教育，但是二者的存在是同一的。也就是说，在课程思政的实践存在中，课程思政表现的外在形式是单一的，但其内在的目的、意图以及内容是多维的。值得注意的是，课程思政不是静态的，而是动态的。

课程思政是在不破坏原有的思想政治理论课的前提下，专业课教师积极开发各自所属专业、学科以及所在课程中的思想政治教育元素，将价值观引导体现在课堂教学的全过程以及各个环节之中，突出的是融合中的浸润。把握这种浸润性，要注意把握浸润之魂。浸润是将价值观引导潜移默化到每个专业、各类学科以及课程的每一个环节之中，而不是将价值观教育置放在每个专业、各类学科以及课程的某个环节。这一点体现的是浸润的精髓与灵魂，也就是说，开展课程思政建设，关键是要具有隐性育人的意识，要在课堂教学中植入隐性教育之魂，实现价值观引导与其他课程的融合，从而达到思想政治教育与其他课程形式与内容的一体化。

坚持浸润性，有利于打通思想政治理论课和课程思政的协同育人链接，从而保障课程思政建设的顺利进行。坚持浸润性，有利于凸显主体性与主导性相结合的教育理念。

一方面，课程思政的顺利开展有利于充分发挥教师的主体性作用。在课程思政建设过程中，教师作为兼具能动性与创造性的主体，主要表现为对课程思政建设过程组织实施的主体性、对受教育者施教的主体性、对自身发展的主体性等方面。因此，课程思政建设有利于推动高等院校教师形成完善的知识结构、正确的思想观念，从而在知识量的储备和思想观念的先进性上优于新时代学生。

另一方面，思政的顺利开展有利于继续深化教师的主导性作用。虽然课程思政强调需尊重新时代学生的主动性与自主性，但是教师作为教育内容的实施者和教育活动的发起人，应深化自身的主导性作用。教师的主导性主要表现为其在整个教育教学过程中的有意识性，课程思政建设有利于促使他们结合教育任务、目标的需要和新时代学生思想发生的新变化，及时引导和调控活动的进程和发展方向，根据新时代下的新情况采取不同的应对办法，从而彰显自身的主导性。

---

① 杨金铎. 中国高等院校"课程思政"建设研究 [D]. 长春：吉林大学，2021：55.

二、课程思政的教育意义

我国高校是为国家输送高质量人才的主阵地，其所培养的人不仅要具备扎实、过硬的才能，还要具备为国家、社会及个人服务的德行——德才兼备是我国高校人才培养的目标。课堂是将学生塑造成德才兼备个体的主渠道，从这一意义上来说，高校的所有课程都应积极承担这一任务。因此，我国高校必须进行课程思政建设。

（一）课程思政是发挥隐性课程育人功能的需要

一直以来，我国高校思想政治理论课独自承担着学生价值观教育工作，经过长期的摸索和实践，其效果仍难以令人满意。育人是课程的固有功能，我国高校的各门各类课程都具有育人功能，只不过在教育教学实践中被忽视了而已。我国高校课程思政的建设过程就是对思想政治理论课之外的课程育人功能的解蔽过程，就是要激发隐性课程的育人功能，在这里，隐性课程是指专业课程，其应与思想政治理论课这一显性课程一起，共同承担价值观教育的任务。因此，专业课教师要勘探专业课程的育人元素、筑牢自身的政治信仰、将思想政治工作贯穿育人全过程。

1. 勘探专业课程育人元素

通过高等教育，社会成员经过高校这座"桥梁"的过程实现社会化，成长为合格的公民。如果我国高校仅仅要求学生学习专业知识和培养专业技能，而不引导他们学会生活、学会工作、学会生存，就很难塑造他们的责任意识、使命意识和权利义务意识，从而降低了教育的水平，使学生缺乏理想和追求。在我国传统的教育理念中，"传道""授业"和"解惑"是目的和手段之间的关系，然而，长期以来，这种传统似乎被弱化和遗忘。特别是在专业课程中，专业课教师往往仅注重"授业"和"解惑"的目的。新时代对高校立德树人工作提出了新的要求，我国高校逐渐意识到应该在"授业"和"解惑"的同时悄无声息地"传道"，实现教学与育人的统一。

当今世界的思想政治斗争并未随着经济全球化而有所减弱，反而呈现逐渐强化趋势。随着我国逐渐走近世界舞台的中央，课程作为传递国家意志、内含教育目标、彰显教育内容的载体，是学校教育教学活动的基本依据，因此专业课程育人元素的勘探是隐性课程发挥育人功能的基础。任何一门课程都包含知识、方法与价值等三个维度，知识是本学科的基础知识和基本概念体系；方法是基础知识和基本概念体系背后蕴藏的思维方式与行为模式；价值是该思维方式与行为模式背后潜隐的情感、态度与价值观。这三种维度相互联系、相互贯通、相互渗透，有机地构成一个整体，任何一个维度目标的实现都是在于整体目标的相互联系中实现的。所以,每门专业课程都同思想政治理论课一样,具有丰富的思想政治教育资源,只不过前者是内隐的,后者是明显的。

目前,高校仅靠思想政治理论课对学生进行价值观教育是远远不够的,专业课程在吸引学生、感染学生、引起学生共鸣方面比思想政治理论课更具优势。专业课程的课程思政元素蕴含着启迪人们智慧、激发爱国热情、拥有社会正义感、具有社会责任感、具有文化自信、充满人文精神等价值范式的思政元素。

总而言之,勘探专业课程的育人元素可以使专业课程的育人功能得到最大限度发挥,是我国高校课程思政建设的应有之义。

2. 铸牢专业课教师政治信仰

信仰是最高价值的信念,它是一种精神形式,在引导和激励人的思想、感情、行为的作用方面,信仰的力量比任何其他意识形态都更巨大、深刻、持久。人在信仰的激励和引导下,在思想、感情、意识、意志等精神活动中形成一个闭合完整的行为导向,人一旦有了信仰,就会付诸以最真挚的情感来维护它,并会以最理性的智慧寻找和建立它存在的合理性依据,并千方百计地进行理论明证,证明它存在的客观真理性。教师要做到有学识、有品质、有德行、有信仰,学生才能心向往之,才能做学生锤炼品格的引路人、学习知识的引路人、创新思维的引路人、奉献祖国的引路人。所以,课程思政中的专业课教师必须有政治信仰,才能成就课程思政铸魂育人的伟大使命。

专业课教师的政治信仰体现在胸怀共产主义远大理想层面上——课程思政中的专业课教师要深切体会到共产主义社会的实质,体会到人性自由全面解放与发展的科学性。人才培养需要教育,专业课教师胸怀理想,才能认识到专业课教育是为了培养某类人的成才教育,而思想政治教育是培养某种人的成人教育,只有将成人与成才教育合理融合,才能培养出全面发展的时代新人,才能成就人民美好生活愿景,才能成就共产主义远大理想。引导学生立德成人、立志成才,是当代教育工作者的根本任务和神圣使命,也是受教育者提升满意度与获得感的必由之路。

专业课教师的政治信仰还体现在坚定习近平新时代中国特色社会主义思想信念和中华民族伟大复兴的信心上——课程思政中的专业课教师在专业课讲授中,必须正确理解中国特色社会主义承载了中国共产党人百年的探索历程,创造了新时代中国特色社会主义的巨大成就。百年来,党和人民经历了艰苦奋斗,书写了中华民族几千年历史中最为壮丽的篇章。中国取得的伟大成就证明了中国特色社会主义道路选择的正确性,并在实现现代化强国目标中体现了中国共产党人民至上的价值观。专业课教师在思想上必须认识到,中国选择社会主义道路是必然的和正确的,只有社会主义才能引领人民实现共同富裕的美好生活。坚定对中国特色社会主义的信念和实现民族复兴中国梦的信心，才能真正认同中国共产党的领导是中国特色社会主义制度的最大优势和根本所在。"专业课教师只有增强了中国特色社会主义信念和中华民族伟大复兴的信心，才能在讲授专业课程中传递精神动力，对学生进行正确价值观引领，进行理想信念教育，才能真正实现课程思政的初衷与本心。"①

总而言之，政治信仰是课程思政中专业课教师最高的政治素养，它统摄着专业课教师课程思政的意识自觉，引领着专业课教师课程思政的行为自觉。

3. 将思想政治工作贯穿育人全过程

思想政治工作是党和国家一切工作的生命线，因此高校应将思想政治工作渗透到育人全过程中。全过程育人的实质在于将思想政治教育潜移默化地渗透到教育教学全过程之中，教育教学全过程就是高校在立德树人过程中围绕育人这一中心任务，坚持知识逻辑与价值逻辑并驾齐驱，在遵循教育教学规律和学生成长成才规律的基础上，充分发挥课堂教学和其他教育实践活动的育人功能，从而保证思想政治工作在时间上的不间断性和过程上的可持续性。

如何将思想政治工作贯穿到教育教学全过程，需要解决好如何衔接的问题。思想政治工作和教育教学虽然都具有育人功能，而且都致力于为国家培养输送建设者和接班人，但是二者毕竟在运行逻辑和管理方式上不尽相同。就思想政治工作而言，它的任务在于将社会价值理念转化为个体的思想观念和行为准则，对于社会价值秩序的再生产产生维护和推动作用，是一种"规范性逻辑"；就高校教育教学而言，它在落实教书育人、科研育人等要求的基础上还有一定的自主空间，具有明显的专门性，主要遵循"知识性逻辑"，所以，将思想政治工作贯穿教育教学全过程，就必须要解决好"规范性逻辑"与"知识性逻辑"的关系问题，即如何勘探不同学科蕴含的思政元素，怎样实现二者有机衔接的问题。

教育教学过程包括教师教和学生学两个部分，它不是单向度的传授过程，而是双向度的互动过程。在对新时代学生进行价值观教育的过程中，专业课教师通过有目的、有计划、有组织的师生活动，使学生自觉地学习和运用专业基础知识与基本技能，在此基础上引导他们形成符合社会发展要求的价值观和道德品质。课程思政建设强调育人的连续性和不间断性，具体而言，从学生入学到离开校园这段时期，专业课教师就要牢记立德树人的初心和使命，结合所授课程的性质对学生给予价值观引导，思想政治工作是连续的、不间

---

① 王淑荣，董翠翠."课程思政"中专业课教师政治素养的四重维度 [J]. 河南师范大学学报（哲学社会科学版），2022，49（02）：137.

断的。

总而言之，高校应充分发挥专业课的育人功效，将课程思政融入育人全过程，我国高校能否有效地将思想政治工作贯穿育人全过程，是决定立德树人成效的关键所在。

（二） 课程思政是提升思政课教育效果的需要

教育效果一直是课程教学的永恒主题，思想政治理论课是对学生进行价值观教育的主导性渠道。但是，目前的思想政治理论课教育理念有待更新、教育方法有待完善、教育实践有待增强，这些问题在一定程度上弱化了思想政治理论课的教育效果。高校课程思政的提出能够有效弥补当前思想政治理论课的不足，与其一道形成具备正确价值领航功能的课程体系，进而提升学生价值观教育的整体效应。

1. 更新教师教育理念

教育理念是教师在长期教育实践活动中，经过亲身体验和理性思考形成的关于教育本质、规律及其价值的根本性判断和观点。教育理念有别于教育观念，前者属于"价值"范畴，强调个体的体验和思考，后者属于"事实"范畴；教育理念有别于教育思想，前者是后者的形成基础，是对后者的高度概括；教育理念不同于教育信念，所有的教育理念都可以称之为教育信念，但并不是所有的教育信念都可以称之为教育理念，比如一些盲目接受和顺从的教育信念就不能称得上是教育理念，因为这种教育信念没有经过体验和思考。

高校的育人工作是一项工程，专业课教师要加入育人队伍中来，充分发挥自身的育人作用，只有与思想政治理论课教师协调发展、通力合作，才能实现育人效果的最优化。

2. 完善理论教育方法

方法是人们为了认识世界和改造世界，达到一定目的所采取的活动方式、程序和手段的总和。教育方法就是教育者为达到一定的目的，在教育教学活动中所采取的各种方式和手段的总和。它虽然不是教育教学活动的实体要素，但却离不开教育教学活动，总是要与教育教学活动联系在一起，如果离开了教育教学实践活动，教育方法就丧失了存在的基础和价值。教育方法是人们在长期教育实践活动中形成的关于教育活动的准则，其本质是人们对教育教学规律的科学把握和自觉运用。

（1）作为教育教学活动的准则，教育方法是教育教学活动的中介因素。教育目的的实现离不开方法的运用，教育方法是在教育活动中将教育者与受教育者联系起来的桥梁，是教育目的实现的手段和工具。

（2）教育方法是为教育目的和教育任务服务的。在教育教学活动中，运用何种教育方法，是由教育目的和教育任务决定的，教育方法随教育目的和教育任务的变换而发生改变。

（3）教育方法与教育理论不可分割。无论是教育实践经验上升为理论，还是教育理论指导、运用于教育实践，都离不开一定的教育方法。

一般情况下，思想政治理论课的教育方法以直接灌输为主，不仅直接地对学生进行思想政治教育，而且公开、透明地对学生进行价值观引导。归根到底，思想政治理论课的理论性特点决定了其必须采取直接灌输的教育方法。抽象的理论只有通过思想政治理论课教师深入浅出的讲解，才能够让学生在应有的层次上准确地理解和运用。直接灌输法就是思想政治理论课教师公开表明知识教育和价值观教育的目的，运用简练、准确的语言引导学生开展思维活动，从而实现教育目的的教育方法。这种教育方法的最大特点就是信息量大、教学效率高、适用范围广，但直接灌输法公开暴露教育目的会使学生产生一定的排斥心理，不易于学生欣然地接受教育内容，这是直接灌输法最大的局限所在——直接灌输法在一定程度上会使思想政治理论课的思想政治教育陷入孤岛化和边缘化。

我国高校课程思政建设要求专业课教师潜移默化地将价值观引导寓于所授课程中，实现价值观教育与知识传授和能力培养有机结合，这可以看作是一种间接的教育方法。这种间接教育方法的最大特点是内隐性，将价值观教育藏在知识传授和能力培养背后，使学生在学习知识的同时无形地受到价值观的熏陶和洗礼，能有效地弥补思想政治理论课直接灌输法的不足。

3. 增强教育社会实践

人类之所以能够存在和进行，其根本原因在于实践，实践也是人类实现自我教育的基本途径之一。学生是我国宝贵的人才资源，社会实践是使新时代学生"成才"与"成人"的必经之路。社会实践能够促进学生对所学专业知识的理解，意识到学习知识的目的在于服务社会，进而增强自身的社会责任感。社会实践是对课堂教育的有益补充和延伸，是高等教育必不可少的一部分。作为课堂专业理论教育的进一步延伸和素质教育的重要载体，学生实践教学活动对于提升学生的思想道德素质和科学文化素质具有重要作用。所以，实践育人应成为高校育人工作的新形式。

思想政治理论课是学生思想政治教育的主渠道，理论教育是其重要特点之一。理论教育就是思想政治理论课教师在思想政治理论课中有计划、有目的地对学生进行思想理论教育，引导学生逐步树立正确的世界观、人生观、价值观。思想政治理论课教师在对学生进行理论教育时，必须要与实际联系起来。理论能否发挥出自身应有的作用，关键是要看其是否与人们的社会生活实际与思想实际相联系。

在实际的教育教学过程中，虽然思想政治理论课教师做到了理论与实际相结合，以学生的思想状况为依托，但是，由于思想政治理论课的授课对象全校学生，群体庞大，人数众多，很难对其开展丰富多彩的社会实践教学活动，教育实践不足，从而导致很多学生对教师所传授的理论知识和价值观引导认识不深刻，教学的实效性不强。

课程思政改革恰好弥补了这一不足，我国高校课程思政建设不仅要求专业课教师积极挖掘各门各类课程的思想政治教育资源，还促进了相关管理部门对学生思想政治教育工作的认识，比如学工部、二级学院组织开展的参观红色旅游基地、支教活动、社会公益活动等，将学生的价值观教育由课堂内搬到课堂外，使学生在社会实践中加深了对所学理论的理解，与思想政治理论课的价值目标相辅相成，从而成为思想政治理论课的有力帮手。

（三）课程思政是推进自身与思政课同频共振的需要

课程在学生思想政治教育中一直发挥着重要作用，很长一段时间以来，思想政治理论课承担着育人职责，但从产生的实际效果来看，仍存在一些不足。高校课程思政建设能够有效地弥补仅依靠思想政治理论课进行育人工作的不足，推进了自身与思想政治理论课在落实高校立德树人根本任务、促进知识传授与价值引领相结合、推动新时代学生全面健康发展等方面的同频共振。

1. 促进知识传授与价值引领相结合

对于我国高校课程思政建设而言，教师是主力军，除了思想政治理论课教师之外的专业课教师也要将对学生进行知识传授和价值引领作为自身的必要职责和崇高使命，将塑造又红又专、德才兼备的健全人才作为职业导向，从而促进知识传授与价值引领同步驱动。

新时代的人才不仅需要具有过硬的知识和能力素养，更需要具备正确的价值观。我国高校课程思政建设要求其他各门各类课程将价值观引导融入知识传授和能力培养之中，切切实实地实现知识传授与价值引领相结合的现实需求。课程思政改革旨在利用课程这一载体进行育人，从而达到专业知识教育与价值观教育的内在统一。课程思政这一教育理念的提出丰富了学生思想政治教育的内涵和外延，教师是否有效地组织和实施教育教学实践，直接关系到课程建设与改革的成败。

2. 推动新时代学生全面健康发展

新时代的学生面临着新的时代使命，即为全面建成社会主义现代化强国助力青春力量——学生的全面健康发展是实现这一时代使命的基础和条件。全面健康发展的内容是多维立体的，包括才能、志趣及道德品质等多方面的发展，而这一目标的实现需要专业课教师来发挥纽带作用。专业课教师这一纽带作用的发挥又离不开自身所授的课程。一直以来，我国高校专业课教学存在一种现象，即"知"与"德"相分离。专业课教师在课堂中只是向学生传授了专业知识，而没有让学生掌握知识背后所蕴含的价值，从而弱化了思想政治理论课的育人效果。"知"的目的在于促进"德"的认识，为"德"的养成服务，因为"德"是真知。"德"的内涵是丰富而深刻的，将"德"理解为品行和道德是远远不够的，我国高校课程思政建设就是要使专业课教师摒弃这种错误认识，从更广阔的领域认识"德"。

对于"知"与"德"的辩证关系而言，这里的"德"不只具有"公德"与"私德"的向度，还深刻地体现一种"大德"的向度，即对自然发展规律和人类社会发展规律的认知和领悟。一切人文学科和自然学科的最终归宿都是为了认识人类社会的规律以及自然界发展的规律，而认识自然界发展的规律实际上也是为了更深刻地认知人类社会的发展规律，比如，历史哲学的产生是由进化论所催生的，为社会服务是一切人类知识有益成果的最终归宿。所以，出于推动新时代学生全面健康发展的目的，我国高校课程思政建设要求每位专业课教师意识到通过课程向学生传授专业知识的目的，深刻掌握"人才培养辩证法"的价值旨归，坚持知识逻辑与价值逻辑并驾齐驱，厘清"德"与"知"的辩证关系，围绕育人这一中心任务，使各门各类课程与思想政治理论课同频共振，在遵循教育教学规律和学生成长成才规律的基础上，打破思政教育与专业教育的壁垒，与思想政治理论课共同成为推动新时代学生全面健康发展的有力抓手。

第三节 思想政治课程与课程思政的关系

实现课程思政全员、全过程、全方位育人格局，不仅要坚守思想政治教育理论课的主渠道、主阵地地位不动摇，还要充分发挥其他各类课程的"一段渠"和"责任田"作用。思想政治教育在高校育人工作中具有不可替代性，但其作为一种课程体系，仍有需要提高的地方。课程思政作为在思想政治课程基础上提出的新理念，对加强与提高思想政治课程实效性具有十分重要的作用。因此，实现其他课程与思想政治课程同向同行，形成育人协同效应，正确认识与把握课程思政与思想政治课程的辩证关系极为重要。

一、思想政治课程与课程思政的区别

（一）学科归属与内容要求不同

相对于思想政治理论课程来说，课程思政所涉及的学科较为广泛，内容也较之丰富，它所涉及的学科内容涉及有自然科学、人文科学甚至社会科学三大领域。纵然思想政治理论课与其他各类学科课程存在内容上的交叉，但两者的学科归属是不同的。"我国高校的思想政治理论课是属于德育范畴，是相对于智育和体育而言的，是培养德智体美全面发展人才的需要，而且主要是培养学生思想政治道德素质的需要。"① 思想政治理论课归属于马克思主义学科范畴，学科的显性教育特点极为明显，属于显性思想教育。而课程思政的学科课程则更偏向于应用型的专业知识和专业技能的智育教育，对学生价值观的培育较思想政治教育来说则较为"隐蔽"，属于隐性思想教育，二者在学科归属上是有区别的。

此外，二者在教学内容要求上也有所不同。高校思想政治理论课的教学内容与要求是由中央统一规定的，且这一课程内容是不分专业、不分年级和班级，要求每位学生都必修的课程，不论学生是否愿意或喜欢，都将接受思想政治理论课程内容的"熏陶"与"洗礼"，学习并掌握其思想内容，通过这一理论课程引导学生掌握社会主义核心价值体系内容、主动关心国家、社会热点时事。而其他各类学科的教学大纲、教材内容的安排，则或多或少地与各地经济发展状况、教育发展状况以及学校类型等因素相关联，教材选用和内容要求方面也存在一定差别，于是出现了同一门学科课程有多个教材版本。由此可知，相比思想政治理论课而言，课程思政所涉及的其他各类学科在教学大纲设计、教学内容安排与教学要求上，较思想政治教育理论课而言相对具有灵活性，在选修课方面还能多方面满足学生需求，扩大学生的选择空间和范围，两者在教学内容的安排与要求上是相区别的。

（二）课程地位与功能不同

思想政治教育无论在我国的革命时期、改革开放时期还是现代化建设时期，都具有同样重要的地位和功能。"这种地位和功能，由思想政治教育的本质所决定，体现为思想政治教育在我们党和国家建设事业的各个方面所发挥的具体而现实的作用。"②

课程思政与思想政治课程地位的不同主要体现在：思想政治教育理论课程作为高校实

---

① 石书臣. 高校思政理论课与通识教育课程的关系探讨 [J]. 中国高等教育，2011 (05)：21.
② 郑永廷. 思想政治教育学原理 [M]. 北京：高等教育出版社，2016 (01)：114.

现立德树人根本要求的重要途径之一，在高校育人工作中处于主渠道、主阵地地位；课程思政所涉及的学科课程在高校教育中主要强调对学生的智力发展，注重对学生专业知识和专业技能的培养，在育人环节中处于"一段渠""责任田"地位。

课程思政与思想政治课程的功能不同主要体现在：思想政治课程教育教学的功能，主要是对马克思主义理论和中国共产党的创新理论的传播，是用习近平新时代中国特色社会主义思想铸魂育人，在传授学生科学理论知识同时，教育与引导学生坚定理想信念，引导学生树立正确的世界观、人生观和价值观，厚植学生的爱国情怀，培养心理健康、品德优良的社会主义接班人。思想政治课程教育教学的功能，主要体现的是立德与育人的特征要求。而课程思政的主要功能，则是通过系统的、专业的知识体系和专业技能的教育教学，培养学生成长成才，把爱国情、强国志、报国行等自觉融入坚持和发展中国特色社会主义事业、建成社会主义现代化强国、实现中华民族伟大复兴的奋斗职责中，其功能主要体现在树人与育才的特征要求。

在高校教育事业发展过程中，不仅要充分发挥思想政治课程的"主渠道、主阵地"、有效结合课程思政的"一段渠、责任田"作用，还要明确分清两者不同的教育教学功能，明确课程思政不是将所有课程都变成思想政治课，而是在教育教学实践环节中实现知识传授与价值引领相结合，实现教书与育人相统一。

二、思想政治课程与课程思政的联系

（一）育人方向上同向

所谓同向，是指课程思政与思想政治课程的育人方向一致，二者在教书与育人的过程中，所前进的道路方向与努力的目标方向是一致的。

第一，课程思政与思想政治课程同向，指两者在指导方向上保持一致。自中华人民共和国成立以来，尽管我们处在不同的历史条件和时代背景，党的领导人始终强调马克思主义在我国社会发展中的重要指导地位不动摇，要求立足于我国的实际国情，在社会发展进程中不断地发展马克思主义中国化、不断丰富马克思主义中国化理论成果。坚持马克思主义理论的指导思想，是建设课程思政与思想政治课程协同育人格局的基础。

无论是推动国家迈向世界舞台、实现国家全面发展，还是办好我国高等教育，实现我国教育大国转向教育强国，我们都必须旗帜鲜明地坚持马克思主义的指导。可见，马克思主义理论在我国社会整体发展中的关键性作用。除此以外，以课堂教学为主阵地的学校教育是我国培养人才最主要的形式与途径，其中，"思想政治理论课作为高校所有专业学生的公共必修课，是对学生进行思想政治教育的主渠道，承担着树立高校马克思主义理论价值标杆的重要职责。"① 其他课程则承担着不同的任务与目标，但也肩负有育人的职责和使命，因此，在教学实践过程中，我们既要注重知识的有效传达，也要注重对学生思想和价值观的教育，自觉以马克思主义的基本观点、立场和方法作为我们实施教学的基本准则。

第二，课程思政与思想政治课程同向，指在人才培育方向上保持一致。知识就是力量，人才就是未来。我国高等教育一直坚持"以人为本"的根本要求，倡导培育学生德智体美全面发展的教育理念，不管是思想政治理论课还是其他各类专业课，都要始终坚持这一人才培育导向。课程思政与思想政治课程在人才培育方向上保持一致，即是以"立德树人"为基本原则，培养社会主义合格的建设者和接班人。课程思政与思想政治课程在育人方向的一致，关键在于解决"培养什么人"以及"为谁服务"的问题。

当今我国正处于中国特色社会主义新时代时期，在育人方向上要根据新时代的新思想和新要求，培养社会主义新人，服务于新时代中国特色社会主义建设。坚持育人方向一致，是为了坚守新时代中国特色社会主义道路服务的，增强道路自信；是为了增强理解和发展新时代中国特色社会主义理论服务的，增强理论自信；是为了增强理解和发展中国特色社会主义制度服务的，增强制度自信；是为了增强理解和发展中国特色社会主义文化服务的，增强文化自信。课程思政与思想政治课程在育人方向上的一致，在坚持了"立德树人"根本要求的基础上，实现"以文育人、以文化人"的全课程育人格局。

（二）育人道路上同行

所谓"同行"，是指课程思政与思想政治课程在"同向"的基础上合力培养中国特色社会主义的建设者和接班人、合力培育德智体美新全面发展的新时代人才，在行动上保持一致。

第一，课程思政与思想政治课程同行，指二者在育人步调上保持一致，即课程思政在指导方向、育人方向和育人目标上与思想政治课程始终保持一致，坚持德智并举。在开展通识课程时，除了对专业知识的悉心教学外，还要充分利用通识教育课程中丰富的文化积淀，充分发挥其在学生思政教育中的知识奠定和学科支撑作用。高校所有课程都具有对学生进行思想教育和价值观教育的职责与功能，加强教师对学生的德育教育，目的是要提高他们的思想道德素养和社会意识形态意识；其他各类课程虽主要承担专业知识或技能的职

---

① 燕连福，温海霞. 高校各类课程与思政课同向同行育人的问题及对策 [J]. 高校辅导员，2017 (04)：13.

责，但也部分承担着价值观引领的作用。因此，其他各类课程与思想政治理论课的行动步调是一致的，在实现学生全面发展目标的过程中，都坚持知识教育与价值教育相统一。

第二，课程思政与思想政治课程同行，指二者坚持德业融合。课程思政与思想政治课程坚持德业融合，一方面指思想政治理论课与其他各类课程齐驱并进，在加强思政教育的同时，要结合其他专业课程的学科文化和背景，挖掘它们本身蕴含的思想政治教育素材和资源。教师除了承担知识传授与技能培训教学任务外，也肩负着学生价值观、人生观的、世界观的培育与引领职责，在实施教学的过程中，不仅要扎实专业知识与技能，也要善于挖掘和运用学科文化背后的隐性教育资源，在阐释真理的同时提升学生综合素养，塑造健全人格。另一方面，思想政治教育理论课的内容本身也是一种专业知识，在注重价值引领的同时也不能忽略对其本身理论知识的传授，做到专业知识与价值观教育齐驱并进。

三、思想政治课程与课程思政之间关系的认识

思想政治课程和课程思政都是高校实现立德树人根本要求的重要形式和手段，在高校教育中都占据重要地位和起着重要作用。二者同属于我国高校教育的智育和德育学科体系，各有侧重，既相互区别、又相互联系。我们要实现从思想政治课程单向育人转向课程思政立体化育人，就要充分把握两者之间的关系，既要看到它们之间的学科属性与内容要求、课程地位与功能方面的区别，也要看到二者的育人方向和育人道路上的同向同行关系，正确认识与处理它们之间的辩证关系。

（一）思想政治课程与课程思政在育人目标上内在统一

思想政治教育目标既是开展思想政治教育活动的起点，又是思想政治教育活动的终点，它既综括了社会对受教育者的要求，又体现了国家、社会及教育者的期望，还一定程度上规定了人的思想品德发展方向，在整个思想政治教育过程中起着导向、激励、调控的作用。而课程思政是对高校思想政治课程的拓展和深化，是高校构建"三全育人"格局的重要举措，其以立德树人为根本要求，以实现全员、全过程、全方位育人，促进知识传授与价值引领有机结合和实现学生全面发展为目标。课程思政与思想政治课程在育人目标上内在统一，虽然二者的学科特点与学科背景不同、担任的育人职责与功能不同，但育人问题不分轻重。因此，我们要坚持全面发展理念，培养德智体美全面发展的新时代人才。

正确认识与处理课程思政与思想政治课程之间的辩证关系，在看到两者相互联系、互为发展前提的同时，也要看到二者是两门相互独立的课程体系。在进行教学的过程中，既要充分运用二者的联系丰富教学内容、教学方法，提升教学效果，从而达到推动学科发展

的目的；也要明确思想政治课程与课程思政是两种不同的学科体系，两个学科体系具有各自的学科内容、学科特点和学科要求，在教学的过程中，要根据学科要求和特点来安排课程内容，设计课堂环节，更好地实现在教授知识的过程中有价值观引导的融入，更好地建设"全员、全课程、全方位"育人格局。

（二）思想政治课程与课程思政在内容上相对独立

全面贯彻思想政治教育，建设课程思政"三全育人"体系，我们必须要认识到，课程思政与思想政治课程是两个独立的、不同的课程体系，它并不是要将所有的课程都变成思想政治教育课，而是在开展思政课以外的各类课程时，要注重价值观的教育引领。思想政治理论课的内容本身就是一种知识，作为一门独立的理论知识课程，在高校育人环节中占据主导地位，承担育人的主要职责；其他学科课程则是以教授学生专业知识和培养学生技能为主要职责，这并不是说它们就没有对学生进行道德教育、思想教育、价值观教育的职责。

与之相反，专业学科课程在专业知识或技能传授与培训的同时，也具备并肩负着对学生进行德育和价值观教育引导的功能与职责。因此，我们要注意区分课程思政与思想政治课程，要充分认识到两者是相互联系的，但在教学内容上也是相互独立的，不能将所有课都当作思想政治教育课，要注重主次之分；也不能在实施专业课程教学过程中只有智育层面的内容而忽视德育层面的内容。我们要正确认识到二者在教学内容上是相互独立的，是两个不同的课程体系。

（三）思想政治课程与课程思政在教学方法上相互补充

课程思政与思想政治课程在教学方法手段上，是相互补充的。思想政治教育的基本方法包括理论灌输法、实践锻炼法、自我教育法、榜样示范法、比较鉴别法、咨询辅导法。它的教学活动形式是多样的、内容是丰富多彩的。但是，在日常的思想政治教育教学活动中，大多数老师将理论灌输法作为主要的教学方法，对学生进行直接的理论知识讲授，而对其他教学方法有所忽略。加上思想政治教育自身的理论性、目的性较强的特征，使得其教学成效不尽如人意，甚至出现与预期效果相反的结果。

就课程思政来说，倡导以一种"润物无声"的教学方式，将思想政治教育内容合理地融入专业知识教学中，实现在知识传授的过程中有价值的引导，在教书的过程中有道德的培育。由此可见，思想政治课程虽然教学方法较为丰富，但在具体教学实践中常用的却是单调枯燥的理论灌输法，而课程思政倡导渗透式的教学方法，力图达到"润物无声"的教学效果，两者在教学方法上既相互结合，又是相互补充。

（四）思想政治课程与课程思政在学科发展上相互促进

课程思政的提出，是为了促进思想政治课程的发展，提高思想政治教育的效益；同时，课程思政的建设与发展也离不开思想政治课程的支持，两者在学科发展上是相互促进的。

一方面，思想政治课程的发展，需要课程思政的助力。推进课程思政体系建设，不仅在育人方面为思想政治课程提供了学科支撑、理论支撑和队伍支撑，也在缓解高校思想政治课程育人"孤岛化"窘境、解决思政教育与专业课教育之间出现分裂问题方面提供了一定的方法借鉴，对加强思政课与其他课程的融合与渗透具有重要意义。

另一方面，课程思政的发展，需要思想政治课程的支持。课程思政在课程设置、内容设计、教学标准及政治导向等方面，需要参照思想政治课程的示范，需要思想政治课程的引领，才能更好地实现立德树人目标。正确认识与把握两者的相互促进关系，充分利用课程思政对思想政治课程的发展作用、思想政治课程对课程思政体系建设的引领作用，进一步构成两者之间的相互促进和良性互动。

第四节　计算机专业课程思政的意义

建设网络强国、数字中国，关键在人才，根本在教育。学校的根本任务在于立德树人，构建全员、全过程、全方位的"三全育人"格局是落实立德树人根本任务、培养德智体美劳全面发展人才的重要途径和手段。课程思政是"三全育人"的重要环节，在计算机专业深入开展课程思政不仅能够满足科技革命对于人才的实际需求，更契合了建设网络强国、数字中国国家战略发展的内在需要。

基于此，深刻理解计算机专业课程思政的现实意义，解决计算机专业课程思政元素的挖掘与整理、思政元素在课程思政过程中的嵌入与实现两个关键问题，探索计算机专业课程教学中思想政治工作的实现路径，既为进一步推进计算机课堂教学与思想政治教育的有机融合提供理论支撑，也是提升计算机类人才综合素养、落实立德树人根本任务的必然要求。

一、培养学生社会责任感与正确价值观

计算机专业的毕业生在当今社会中担负着关键的职责，他们负责开发各类软件应用、

网络系统，以及参与数据管理等工作。这些工作直接涉及到社会的方方面面，包括但不限于个人隐私、数据安全、社会平等和信息流通，因此，课程思政可以为他们的职业生涯提供更广泛的意义和深远的影响。

首先，课程思政有助于培养学生的社会责任感。计算机专业学生通常会处理大量的信息和数据，因此，他们的工作可能会对个体和社会产生深远的影响。通过在计算机课程中思想教育引导，学生能够认识到他们的技术应用和决策对社会的影响，并因此而产生更强烈的社会责任感。他们将更加倾向于在技术开发和应用中思考伦理、法律和社会问题，以确保他们的工作不会对社会造成负面影响。这意味着他们更有可能采取可持续的技术决策，避免滥用数据，以及考虑到不同社会群体的需求。

其次，课程思政还有助于塑造学生的价值观。计算机专业的毕业生在其职业生涯中需要做出众多决策，这些决策往往需要权衡技术发展与社会利益之间的关系。通过计算机课程中的思政教育，学生可以更好地理解社会公益、公平和正义等核心价值观的重要性。这些价值观在计算机领域非常关键，因为技术的发展和应用往往伴随着伦理挑战和社会政策问题。具备正确的价值观可以使学生在决策中更多地考虑社会的整体利益，以及避免为了个人或短期利益而采取不道德的行为。这对于维护隐私权、数据安全和社会公平至关重要。

计算机专业课程中的课程思政在培养学生社会责任感与正确价值观方面具有不可忽视的作用。毕业生在其职业生涯中将面临许多伦理和社会挑战，因此，计算机课程中的思政教育不仅有助于他们更好地理解自身在社会中的角色，还有助于形塑他们对社会价值观的认同。这将使他们更有能力为社会做出积极的贡献，确保他们的技术应用和决策有益于整个社会。这一教育理念不仅有利于学生个人的成长，也有利于整个社会的可持续发展。

二、培养卓越 IT 人才的重要举措

计算机专业课程思政，即在计算机专业的课程中融入思想政治教育，被认为是培养卓越 IT 人才的重要举措。这一做法在新一轮科技革命的背景下显得尤为重要。科技的迅猛发展已经深刻地改变了社会和经济格局，对于计算机专业的学生来说，这代表了巨大的机遇和挑战。

首先，通过课程思政，可以切实提升计算机专业学生的综合素养。计算机领域的知识和技能虽然至关重要，但仅仅依赖于技术层面的培养是不够的。在当今世界，IT 专业人才需要更多的综合素养，包括道德伦理观念、社会责任感以及国际视野。课程思政可以引寻学生思考伦理和社会问题，使他们能够在技术应用中做出正确的决策，促进科技的可持续

和道德发展。

其次，计算机专业课程思政有助于培养学生以适应行业和产业的发展需要。计算机技术日新月异，学生需要具备学习和适应新技术的能力。然而，这不仅仅是技术上的问题，还涉及到学生的思维方式和态度。通过课程思政，学生可以培养出积极的学习态度、创新能力以及对未来发展趋势的敏感性，从而更好地满足行业和产业的需求。

最后，课程思政也有助于引导学生关注国家和社会的发展大势。计算机专业学生需要正确认识我国和世界的发展趋势，了解国家在计算机领域取得的成就，培育对家国的情感和责任感。与此同时，他们也需要看到与世界顶尖水平存在的现实差距，这可以激励他们自立自强、不断创新、实现突破，以厚植爱国情感、强国志向，为国家的发展和繁荣贡献力量。

三、促进科技发展与伦理平衡

计算机专业课程中融入思政教育，对促进科技发展与伦理平衡具有重要作用。计算机技术的迅猛发展在带来无限可能性的同时，也伴随着众多伦理和道德挑战。

首先，计算机专业课程中的思政教育有助于引导学生思考技术应用的伦理问题。计算机专业的学生通常会接触到处理大量敏感信息的情况，例如个人隐私数据或国家安全信息。思想教育可以引导他们深入思考如何在处理这些信息时维护伦理和道德原则。这有助于培养学生的伦理意识，使他们在职业生涯中能够明智地处理敏感信息，防止滥用技术带来的潜在伦理问题。

其次，计算机专业课程中思政教育可以帮助学生认识到技术的滥用可能对社会产生负面影响。计算机技术的广泛应用影响着社会的方方面面，包括政治、社会和文化。学生需要明白，他们的技术决策可能会对社会造成深远的影响，因此必须在伦理和道德原则的指导下行事。通过思想教育，学生可以更好地理解自己在科技领域的社会责任，避免开发或参与有害的技术应用，确保技术的发展不会对社会产生不利影响。

最后，计算机专业课程中思政教育还可以培养学生的终身学习和批判性思维能力。伦理问题在科技领域经常发生变化，因此学生需要具备不断学习和适应新伦理挑战的能力。思想教育强调道德原则和伦理理念的演进，可以培养学生的批判性思维，使他们能够不断反思自己的行为和决策，以适应不断变化的伦理环境。

计算机专业课程中的思政教育有助于培养学生的伦理意识、社会责任感和批判性思维，从而促进科技发展与伦理平衡。这种平衡对于确保技术的可持续发展和社会的长期稳定至关重要，因此思政教育在计算机专业教育中的重要性不可忽视。

第二章　思想政治教育理论基础

第一节　思想政治教育的理念

一、思想政治教育理念的界定

理念，通常指主体根据自己对事物本质和发展趋势的理解和判断，根据自己对社会发展需要和对个体本性的体验，经过长期的过滤、积淀和检验而固定下来的思想观念。这种思想观念既是一种高度理性化的观念，也是一种高度价值性的观念。科学的理念既应是对事物发展的本质联系和趋势规律性的正确揭示，也应是人类、集体和个体发展需要的正确反映，还应当是合规律性和合目的性的统一。

"对高校大学生来说，思想政治教育是他们大学课程的重点课程"①。思想政治教育理念，既应当反映学生存在和发展的本质要求，也应当反映思想政治教育的本质属性和发展要求；既应当反映学生群体发展和进步的本质需求，又应当反映学生个体发展和完善的必然趋势。

对理念的界定，角度不同，所要达到的目的也会不同。在界定学生思想政治教育理念时，需要重点考虑以下三点内容：

第一，了解学生思想政治教育的理念对学生思想政治教育所具有的功能和价值，否则，整个学生思想政治教育理念的研究就失去了意义和方向。

第二，了解学生思想政治教育理念的依据。任何理念的确立都必须有自己的依据，科学理念亦是如此。没有依据的理念就不具有积极的功能和价值，当然就起不到对社会的积极、进步的推动作用。

第三，建构创新完善的机制。研究学生思想政治教育理念如何在社会发展的过程中，

---

①　杨黎鑫. 高校大学生思想政治教育探究［J］. 辽宁师专学报（社会科学版），2022（2）：75.

在人类对学生思想政治教育的发展具有新的认识、新的判断的基础上，在学生思想政治教育的新的经验、新的发展的前提下，使学生思想政治教育的理念更科学、更完善，更能符合社会、高校和学生等各个方面发展的新要求。

二、思想政治教育理念的内容

（一）全面发展理念

全面发展即人的全面发展，指人的体力和智力的充分发展，又指人在德智体美劳各方面和谐的发展。教育是造就人的全面发展的重要方法，在学生思想政治教育中，必须用全面发展的理念教育学生。在学生思想政治教育工作中，必须以学生全面发展为目标。学生是民族的希望、祖国的未来，是国家的建设者和可靠接班人。因而，必须使学生健康成长，使其思想道德素质、科学文化素质和身体健康素质等方面都得到提升。

第一，学生思想政治教育应以学生全面发展为出发点和落脚点。学生思想政治教育应根据社会和学生思想变化的实际，不断总结，不断扩展新视野，做出新概括，丰富学生思想政治理论教育，以多渠道、多方式促进学生全面发展。在学生思想政治教育中无论是加强文化、网络、科技、伦理等领域建设，还是为学生提供多样的社会实践活动，还是拓宽高校校园文化建设领域等，其出发点和落脚点都是为了学生能够全面发展，成为社会主义事业的合格建设者和可靠的接班人。

第二，学生思想政治教育应服务于学生的健康成长。学生思想政治教育要以促进学生成长成才为目标，积极创造条件，为学生成长成才服务。在做好学生成长成才教育的过程中，还应关注学生的心理健康，加强学生心理健康教育，使其健康成长。

第三，学生思想政治教育应解决学生遇到的实际问题。随着社会的快速发展，许多现实问题应运而生，学生同样面临许多现实问题，如高学费造成的贫困问题、网络多元文化造成的价值观多元问题及就业难等问题。如何解决他们的实际困难是高等教育工作的重要任务。这就要求学生思想政治教育工作者切实了解学生遇到的实际困难，与他们谈心、沟通，了解他们的心理状态，为其提供帮助。除此之外，高校和社会也应为学生提供更多的实际帮助以解决学生面临的问题。

（二）和谐发展理念

学生思想政治教育过程中应适应现代社会的发展，以和谐发展理念为指导，使学生在人际交往、环境营造、管理机制和理念、文化和谐的氛围中接受学生思想政治教育。

1. 人际交往的和谐

人是社会的人，人类离不开相互之间的交往。学生实现人际交往的和谐具体做法有以下四点：

（1）进行内在调整。学生首先需要从自我开始，重新认识自己，这包括了了解自己的兴趣、价值观、弱点和优势。这种自我认知有助于建立自尊和自信，这是与他人交往的基础。尊重自己意味着不自卑、不自大，而是真实地接受自己，正视并包容自己的缺陷和不足。这种自我接受能够减少自我评价的焦虑，从而更容易与他人建立坦诚的关系。

（2）待人要诚恳真切。在人际交往中，真诚和诚实是非常重要的品质。没有人愿意与虚伪的人建立亲近关系。学生应当展现真诚的态度，避免虚情假意的行为。与他人建立心与心的沟通需要相互信任，而信任建立在真实性和诚实性的基础上。只有通过真诚地表达自己的情感和想法，才能与他人建立深刻的联系。

（3）有一颗开放的心。开放的心态对于人际交往至关重要。学生应该培养对自然和社会的好奇心与热情，这将使他们更容易与他人分享经验和互相学习。开放的心态也意味着容忍不同的观点和文化，这有助于促进跨文化交流和理解。对于学生来说，这也可以提高他们的综合素质，使他们更好地融入社会和社区。

（4）努力提升自我。在人际交往中，个体的自身价值和吸引力是吸引他人的关键。学生应该不断努力提升自己，包括学业、职业和个人发展。通过不断学习和成长，他们可以在人际交往中展现自己的价值，不仅能够散发出积极的氛围，还能保持自己的独立性，不至于在关系中迷失自我。

2. 营造和谐的环境

和谐环境的营造在学生思想政治教育中具有重要的意义，它对培养学生的政治认知、实践能力、分析问题和解决问题的能力以及学生思想政治素质起重要作用，是加强和改进学生思想政治教育系统中不可分割的，起协调、平衡、互为作用的重要因素。营造和谐的学生思想政治教育环境应从以下方面入手：

（1）提高学生思想政治教育工作队伍的整体能力和素质。学生思想政治教育工作者要有驾驭学生思想政治教育工作的能力，使学生感到工作是实在的、可信的、真诚的。亲其师才能信其道，这就要求高校学生思想政治教育工作者树立起虚心好学的形象，树立起奋斗者与奉献者的形象，树立起勇于创新的开拓者形象，树立起实事求是的务实者形象。

（2）实现理论与实践的和谐。学生是知识、能力、情操等的主动获取者。学生是否主动参与，是衡量学生思想政治教育实效的主要标志。学习是学生认知结构的建立、改造和重组的过程，学生是积极意义构建的主体。所以，学生只有亲身参加学生思想政治教育实践活动，调动各种积极因素（包括运用现代信息技术）来激发学生主动探索的动机、端正学生主动探索的态度、激励学生主动开拓的精神，才能获得真知。知识来源于实践，学生的学习虽然主要是接受人类已有的知识，但是实践教学过程要充分利用学生的直接经验，密切联系学生生活实际、社会生产实际和已有的知识。在学生学习过程中，要充分利用教具、学具、课件让学生观察、操作、实验、探索，引导学生去做、去思考、去练习、去应用、去实践、去探索。知识是人类实践经验的总结，也是人类文明的结晶，学生学习知识，会应用，会举一反三，会融会贯通，才是真知，才具有稳定性、长效性。

（3）实现各种关系的和谐。学生思想政治教育是高校内部的一个系统工程，它离不开高校师生双方努力，要实现"全员育人、全过程育人、全方位育人"，大学的党团组织和校园文化都应在课堂教学主渠道外发挥重要推动作用。

（三）素质教育理念

素质教育是依照受教育者身心发展和社会发展目标的需要，以全面提高全体受教育者的基本素质为根本目的，以尊重受教育者主体性、个性化发展，注重人的创新能力培养，为受教育者终身学习打下良好基础为特征的教育。

全面有效地实施素质教育的灵魂主要在于对学生进行思想政治素质教育。必须全面贯彻党的教育方针，不断加强对学生的爱国主义和集体主义、社会主义思想教育。对学生进行思想政治素质教育，要努力做到以下方面：

1. 拓展教育的内容

（1）加强社会主义和爱国主义教育，教育学生树立爱国主义、集体主义、社会主义思想，树立忠诚和热爱社会主义祖国的信念和行为品质。

（2）树立一切言论行动以合乎广大人民群众的利益为最高标准的思想观念。

（3）加强共产主义道德教育，教育学生树立共产主义理想和共产主义道德思想，提高共产主义觉悟。

（4）加强党的基本路线、国情教育。

（5）加强新时代思想理论教育，用科学理论武装学生头脑。

2. 丰富教育的形式

（1）认真落实学生思想政治教育在素质教育中的首要地位，抓住思政课教学主渠道。

（2）探索学生思想政治素质培养的途径，不断加强和改进日常学生思想政治教育，在教育的实效上下功夫。

（3）不断加强形势与政策教育，正确认识国际国内形势，了解党的路线，了解国情民情，准确把握党和国家的各项方针、政策。

（4）不断加强校园文化建设，创建积极、健康的校园文化氛围，发挥校园文化在育人中的作用。

（5）高度重视教育与生产劳动相结合，教育学生积极参与社会实践活动，正确认识与劳动人民的关系，增强与劳动人民的感情，走与劳动人民相结合的道路。

（6）不断加强学生心理素质和心理健康的教育。

3. 探索教育的方法

（1）把现代化教学手段引入思想政治理论课教学之中，教师不仅要在内容上突出党的指导思想，更要紧密联系新的改革实践，紧扣时代发展脉搏，而且在方式和手段上适应新技术革命引发的现代信息传播方式的深刻变革。

（2）改革考试方法，注重学生的日常表现。

（3）在专业课教学中也要渗透学生思想政治教育内容，与思想政治课同向同行、体现育人功能。

第二节　思想政治教育的价值

一、思想政治教育的价值认知

研究思想政治教育的价值是时代发展的客观需要，也是思想政治教育学科发展的内在要求。正确认识思想政治教育的价值对于确立思想政治教育的地位、有效开展思想政治教育具有重要意义。

价值的意思为值得、有力量的，是指一件事物的价值，并主要指经济价值。价值是人的需求与满足这种需求所需要的客体属性达成的交接点。主体与客体是特定关系。主体和客体决定了价值，同时价值还会因为主体的能动性，相应地改变客体的历史性。马克思主义哲学认为，价值所具有的客观源泉和基础都是价值客观性的表现，同时，价值也是将主体性和客观性及历史实践等统一的内核。

价值在思想政治教育方面体现出教育的有用性，讨论思想政治价值含义的前提，必须将思想政治教育当中的主客体，通过正确的价值观联系起来，从而正确地构建它们的关系。社会由人组成，人是社会的主体，也是思想政治教育的主体。人们在社会中不可能脱离集体而存在。因为人是社会组成的一部分，与社会相一致；同时，人与社会之间的关系是相互成就和构成的。人既能够创造出社会环境，而社会环境也能够塑造一个人的人格。人与社会的物质条件，决定了社会通过人的活动而形成了一个怎样的产物，拥有怎样的社会关系，以及在群体当中具有怎样的价值。作为思想政治的主体，群体与个体以及全球的人类，与思想政治教育构成主体和客体的紧密关系。

主体和客体是一个相对的概念。主体的认识以及实践都是通过客体展现出来。在思想政治教育中，主体的主要对象就是客体，主体与客体之间能够直接发生一些特定的关系，并通过教育实践活动来满足主体与客体之间的密切联系。价值关系的产生是主体存在的主要根源，而思想政治教育，可以从三个方面定义主体的地位：首先，通过物质或精神的分类，来划分对象。物质主要表现在教育环境、条件等方面。精神主要表现出教育的目标、内容以及原则等。其次，通过性质可以将教育的主体分为个人和社会的。最后，通过来源可以将主体分为本身的主观世界以及之外的客观实践。主体本身是能动的，是通过不断的认知和评价进行自我教育的，因此，主体也可以包含在客体之内，就是说主体在一定条件下，可以转化为思想政治教育的客体。

思想政治教育的主体需要和客体功能，无法通过思想政治教育的价值来满足，而是需要根据主体与课题之间的隶属关系，通过交互作用，让思想政治教育的价值充分体现，将它们连接起来。思想政治教育的价值通过主体和课题之间的互动逐渐形成，思想政治教育，不但能够将主客体的关系相互连接、统一，同时也能够把人的主体地位和思想政治教育逐渐向人趋近的方向连结。通过这种实践，让主体逐渐形成对于能量交换、信息交换、物质交换等层面的认知，并逐渐满足主体需求，从而实现二者关系的有机统一。

二、思想政治教育价值的特征

"在当代的学生教育工作中，学生的思想政治教育是一项十分重要的内容"[1]，根据对思想政治教育价值的界定，思想政治教育价值的特征主要表现在以下方面：

（一）直接性与间接性特征

思想政治教育价值既有直接性，也有间接性。直接性是指通过思想政治教育，能够影响受教育者从思想根基上发生一系列改变，思想政治教育能够通过这种观点的输出，直接

---

[1]　孔凡芳. 浅析学生思想政治教育价值研究 [J]. 课程教育研究，2015（33）：58.

将一些观念和规范传授给受教育对象，并通过有计划和有组织的影响，提升受教育者的思想水平整体，让他们形成符合社会需要的思想体系。思想政治教育也能够让人们的思想产生变化，通过间接影响来改变受教育者的行为。因为思想政治教育是一个复杂的转换过程，从认知理论到执行，通过将学习到的思想转化成行动的复杂步骤。通过正确的思想转化，人们就可以用正确的行为将行动转化成精神财富和物质财富，从而推动社会发展。

（二）潜在性与显在性特征

在存在方式上，思想政治教育的价值能够从显性和潜在性两方面体现。思想政治教育本身是一个潜移默化的过程，通过长久的受教育来让自己的思想发生改变，从而影响自己的实践行动。这种潜移默化能够从开始的隐性教育到最后通过自己的行为习惯展现出来，成为显性行动。这就是思想政治教育的价值存在的潜在性与显在性。

人们正因为这种思想政治教育，通过掌握教育的内容来形成科学的正确的思想价值观念，从而引导人们通过实践行动来创造自己的物质财富和精神财富，让思想政治教育逐渐体现出外在的价值。思想政治教育能够引导青少年长久进步，让其精神内核不断成长，通过不断地潜移默化的影响，最后影响到行为习惯，将思想政治教育完全外化展现出来，成为对社会有用的人。

（三）阶级性与社会性特征

在不同的社会制度之下，思想政治教育也有不同的本质，这种本质能够通过不同阶级的利益表现出来，因此，思想政治教育具有阶级性。在阶级社会，价值主体对思想政治教育的需要具有阶级性，任何阶级都需要思想政治教育来传递自己的意识形态、指导思想、政治意图、道德规范和思想观念，将培养社会合格的接班人与建设者为目的，维护社会的根本利益。思想政治教育是通过一定教育方法，将一定阶级的政治思想，通过宣传和灌输来影响学生，通过自己的意识形态来改变人们的思想，反映阶级需要，为一定阶级提供服务。中国共产党从来不回避其具有的阶级性，以人民群众的利益为最根本的服务目标，满足人民最根本的利益需求。

一切社会关系的总和构成了人的本质，而思想政治教育具有社会性，能够展现出一定的社会关系价值。因此，思想政治教育一方面能够通过满足社会需要提供自身价值，通过具有的功能，让个体与社会都能够通过正确的思想政治教育，引导具有一定的政治方向。同时，也能够约束受教育者的行为，让其拥有全面发展的能力、健全的人格与精神思想能够让其成为符合社会需要的合格人才。另一方面，某些教育活动能够通过思想政治教育满足不同阶级的需求。不同的阶级具有不同的意识形态，但是通过思想政治教育的活动可以跨越阶级，让人们产生共性的思想理念。在一定条件下，思想政治教育的价值，是需要通过不断完善和发展的。

（四）短期性与长期性特征

思想政治教育活动，具有针对性和现实性的教育意义，比如在实践活动中，受教育者能够通过教育内容，触动自己的心灵，从而激发自己思想的变化，逐渐将意识转化为行动，进而成为对社会发展有促进作用的个体。思想政治活动，可以通过这种短期活动对主体产生良好的教育效果，同时，除了短期活动的教育效果外，受教育者需要长期坚持，不断地将学习到的内容逐渐内化与外化，转换成自己长久的行为习惯。

思想政治教育效果的长期性是指思想政治教育的效果能够对个人与社会产生长远影响的属性，思想政治教育通过让受教育对象从思想、情感、能力、品质、意志和认识等方面综合提升，让思想政治教育逐渐向满足社会发展需求的方向转变，通过社会整体的需求，向个人的精神世界转变就是内化的过程。而外化是指通过让教育对象受到思想政治教育，转化成一系列的行为和实践，并养成习惯，即由思想政治品德转化为行为、实践的发展过程。经过"两次飞跃"，社会的外在需求转化成了受教育者的思想政治素质，教育的效果将持续对人的发展产生影响。思想政治教育价值的特点既有短期性又有长期性，在短期性的基础上实现对人的持续、深刻的影响，满足社会和人发展的需要。

三、大学生思想政治教育价值的形态

学生思想政治教育价值的类型也称为思想政治教育的价值形态，是指根据不同标准，思想政治教育价值呈现为不同的形态，具体如下：

（一）理想价值和现实价值

学生思想政治教育的理想价值是指有实现可能性的价值，它高于现实价值，具有超前性和导向性的特点。我国思想政治教育的理想价值是全国人民为实现中华民族伟大复兴的"中国梦"而奋斗的同时，实现综合发展。思想政治教育能够从目前已经实现的和正在实现过程中的价值，转化成让人们能够感受到教育的有用性，从而实现思想政治教育的现实价值。

思想政治价值能够将理想和现实形成相互促进、相互联系的关系，它们之间辩证统一。现实价值作为基础，能够让理想价值拥有可承载的坚实地基，而理想价值是通过现实

价值导向而最终达成的目标，可以让理想价值作为对受教育对象的激励动力。教育对象能够通过知识解决现实问题，才能够体现出思想政治教育具有的有用性和吸引力，也是人才成长的需要。思想政治教育，可以为受教育者的精神提供理论支持，同样也可以为现实价值提供有力支持，虽然教育也许不能直接解决现实问题，但是却没能够为解决现实问题提供有力的理论基础。

思想政治教育具有的理论价值以及现实价值，需要人们正确地处理和平衡二者的关系。受教育者需要通过日常教育，让思想政治教育理论学习为他们解决现实问题提供帮助；同时，思想政治教育也需要将理想价值作为目标，正确的引导受教育者树立自己的人生观，两者的有机结合，才能够将思想政治教育的价值最大化。

（二）正面价值与负面价值

正面价值是指通过思想政治教育相关的活动，来满足更高层次的社会发展的需求。我国的思想政治教育，将马克思主义作为指导方向，在整个马克思主义理论体系下，按照党和国家的奋斗目标，根据受教育者的实际，有目的有计划地实施，在积极满足发展需要的同时，思想政治教育就在这教育中产生了正面价值。而负面价值相反，它能阻碍社会和人类的发展进程。

负面价值往往包括两个方面：一是零价值或无价值，当思想政治教育活动，没能够起到目标作用和教育时人的思想政治素质没有任何改变；二是负价值或称否定价值，即思想政治教育活动妨碍了国家和社会的思想政治教育目的和任务的实现，甚至破坏了原有的思想政治教育成果，对社会和人的发展起到了消极或有害的作用。

（三）目的性价值与工具性价值

工具性价值作为目的性价值的前提，是一种巩固阶级统治的工具。通过将传播意识形态作为主要手段，将工具性价值作为价值教育当中的主导地位，体现思想政治教育的内核。工具性价值能够保证实施目的性价值；同时，工具性价值的实施是目的性价值的归宿。

目的性价值是通过正确引导，受教育者在发挥自己主观能动性和创造性的同时，主动认识到自身发展需求，最终成为全面综合发展的社会公民。思想政治教育从阶级性和实践性出发，通过将受教育者的意识形态，达到与社会发展相结合的教育观，来达成社会管理和阶级统治的需要。目的性价值，就是将个体作为主要的主体，通过思想政治教育来满足个体精神层面的需求，通过提升思想政治素养来达成对于人类精神世界的构建。

工具性价值和目的性价值，这两者之间相互都有着支配和制约的作用。这两者能够在思想政治教育的实践当中进行有机的统一，不可分割。思想政治教育不仅要为社会培养合格的社会主义建设者和可靠的接班人，而且还要为受教育者实现成才成长的个人目标服务。

四、思想政治教育价值的内容

（一）思想政治教育的社会价值

社会价值是逐渐将社会文化、政治及经济建设等内容，通过教育而积极地构建起来，从而让思想政治教育获得客观存在的、社会正向的评价。这与一些社会的文化、经济和生态的现象具有一致性。教育发生了作用，呈现出对社会方方面面的价值，因此这也是思想政治教育具有社会价值的形态体现。

1. 文化价值

思想政治教育在某种程度上能够满足人民的文化需求，同时促进文化发展，这就是思想政治教育在文化方面的价值，在社会意识形态的组成要素中，思想政治教育不可或缺，它本身就是需要付诸实践的文化活动，可以有效促进我国社会主义文化的发展，增强国家软实力，建设文化强国。思想政治教育的文化价值主要体现在以下方面：

（1）文化传播的价值。人们的政治观点或思想观念等具有文化特征的文化观点，从一个群体当中传播到另一个群体中，这种传播过程称为文化传播。思想政治教育，通过广泛传播社会主流的文化教育，来让公民具有社会化的思想道德意识。

思想政治教育是教育者向受教育者传递一定的思想观念、政治观点、道德规范的过程。思想观点、政治观点、道德规范就属于文化的范畴，思想政治教育是一种特殊的文化传播方式。思想政治教育不但是一种教育方式，同时也是一个过程。思想政治教育，从主导意识形态和传授思想政治相关信息方面，让学生们接受主导社会文化发展的价值观，并养成符合社会发展需要的行为习惯；同时也能够通过思想政治教育的学习和实践活动来获得相关知识，从而形成符合社会发展观念的政治态度、观点、信仰、情感和行为。以上两种活动相互联系、相互作用、辩证地统一于思想政治教育的过程中。

（2）文化选择的价值。思想政治教育在文化选择方面的价值主要有两个方面，分别是正面的选择和反面的排斥：正面的选择主要是吸收积极的文化，筛选与思想政治教育价值观相同的内容，将这些先进思想纳入教育中，丰富思想政治教育等组成部分，并在后期发展中继续继承、不断弘扬；反面的排斥主要是排斥与思想政治教育导向不符的内容，对有害的劣质文化加以抵制，从反面推动思想政治教育发展。

文化包括主流文化和非主流文化，通过丰富的内容和表现形式，能够为人类社会的发展提供最宝贵的历史精神财富积累，但文化也有糟粕。无论是物质方面的文化还是制度和观念方面的文化，不论何种形态文化，只要与思想政治教育的最终目标与内容一致，思想政治教育都应该积极选择和吸收，促进积极文化发展，使它们拥有更广阔的发展空间。反之，如果是消极的文化或与思想政治教育的目标和内容背道而驰，那么就应该坚决抵制或对其进行批判，使之无法进入教育体系，以确保思想政治教育的纯洁性和先进性。我国社会主义文化的繁荣和发展，离不开思想政治教育的推动。要把我国建设成为文化强国，思想政治教育应该不断取长补短，筛选各种文化，吸收有益内容。对中华民族的传统文化，需要有批判地继承。对于一些西方文化，应该具有批判性的创造、转化和理性的借鉴。通过科学的鉴别、分析和筛选，加以继承和利用。

（3）文化创造的价值。文化创造是思想政治教育通过创造，将文化的发展向思想政治教育方向进行有价值转换。文化是一个民族的灵魂和标志，是一个民族的精神家园，是民族认同、国家认同和民族凝聚力、创新力、发展力的基础。在全球化的大背景下，市场竞争的表面是经济之争，深层次则是文化之争。

思想政治教育在培养创新型人才方面起到了很大作用，也促进了广大人民群众积极投身物质和文化生产建设中，推动精神文明建设，此外，还可以丰富理论知识内容。思想政治教育的教育者在传播思想政治观念、价值观过程中，会结合当前社会实际情况及自身的教学经验，吸收优秀文化，自觉抵制腐朽落后的文化，向受教育者传播最新的思想和理念，确保符合社会主义核心价值观的要求，同时，也完善了原有的文化体系。思想政治教育在教育学科中具有特殊性，因为能够影响人类的生活方式和价值观念，通过改善人们的知识结构来影响人们在生活当中的行为习惯，对更新人类文化结构也起到了一定创造作用。

（4）文化渗透的价值。意识形态决定了思想政治教育需要通过统治阶级的意识形态，控制思想政治教育相关的社会文化意识。通过宣扬符合阶级目标的道德要求和文化价值观念，逐渐让符合要求的思想政治教育，渗透到相关的教育过程当中，通过思想政治教育来弘扬社会主流文化，使之在社会亚文化中发挥更大作用，而要使主流文化渗透和影响各种社会亚文化，最重要的一种方式就是思想政治教育。思想政治教育传播主流文化，体现当前时代发展的特点，以人民为中心并具有中国特色，在指导思想上，以马克思主义为指导，融入中华优秀传统文化，借鉴、吸收世界优秀文化，具有包容性和多样性。在主流文化外还有各种亚文化。这些主流之外的文化，不仅在方方面面影响着社会文化的总体发展，也影响到社会的发展。思想政治教育不仅包括主流文化，还要从各种亚文化中吸收优秀内容，抵制落后思想，使主流文化能够更好发展。

文化渗透功能可以将思想政治教育，把主流文化发展渗透到亚文化中，亚文化在社会文化发展当中也十分重要，将主流文化渗透到亚文化之中，能够创造更良好的社会文化环境，引导正确的文化发展方向，将冲突减弱，并通过文化的融合与吸收，让文化成为思想政治教育的载体，通过社会文化的融合，形成更加健康的社会文化环境。

2.经济价值

经济价值是通过思想政治教育活动创造的促进社会发展以及经济增长，从而满足人类的需求的效应。人类的需求可以分为精神需求和物质需求，这些都是能够通过思想政治教育的经济价值来满足的，将经济建设为思想政治教育的中心，要通过正确的理论指导，来保证社会主义的发展方向，并为经济建设提供动力。

（1）思想政治教育可以确保社会经济的发展方向。社会主义制度下的市场经济，是通过市场的机制和社会主义制度有机结合起来而形成的。市场作为资源配置的基础，能够结合市场机制的规范来坚持社会主义方向的发展。市场经济向社会主义方向发展对市场经济的本身构成有重要意义。社会主义方向一是通过市场经济的构成得到保障的，这也是控制社会主义市场经济发展的根本依据；二是人们对社会主义市场经济的构成有一致的理解与认识，在相同的内在结构当中，人民由于共同的认识而达成自觉地坚持社会主义市场经济的发展方向，而这离不开人们对思想政治教育方面的学习，只有充分保证这个优势，才能够对现行的社会经济体制作出正确的引导和宣传，让人们认识到经济制度在目前社会具有必然性和合理性，通过规范经济行为，让人们逐步地产生规范的意识。对正确的效率观念和竞争意识的教育，也能进一步地推动人们能够更积极地为经济建设作出努力。

（2）思想政治教育能推动社会的发展，能够成为社会发展的内在精神动力。作为社会的生产主体，人是生产的主力，人类通过生产力的发展，来征服自然和改造自然，这也是生产力发展至今的最主要动力。当代中国要将发展作为我国的第一要务，通过保证科学技术的发展，来为我国的生产力提供持续发展的动力，提升科技进步和劳动者素质是我国当今社会生产力增长的最关键因素，这些根本因素也让经济的增长方式发生了改变，人才已经成为我国生产力发展上最重要的战略资源，也是我国生产力发展和进步的开拓者。这说明人才是促进生产力的重要因素，只有让人全面发展，成为先进的劳动者，才能够进一步发展和提升社会生产力。

劳动者的全面发展要具备两个基本的素质：一是需要具备先进的劳动能力以及对于科学文化的基本素养，二是需要有积极的社会责任感和事业心，能够通过崇高的精神和积极的劳动来为社会生产提供动力。科学素养和劳动力是能够直接展现在劳动者身上的因素，劳动者本身具有的道德和思想政治素质，能通过直接和间接的作用反映到生产力上。这种直接和间接的作用，不但能够展现出人类的智力条件，也能够展现出一些精神层面的非智力条件因素，其中，非智力因素通过反映劳动者素质，成为提高劳动者精神动力的重要条件，也深刻地影响生产力发展的方向。

思想政治教育也能直接影响人们的道德素质和政治素质的发展。思想政治教育能通过教育内容，激发劳动者本身的创造性和积极性，为生产力的发展提供不竭的动力；思想政治教育也改变了原来的生产关系，通过发展生产力，让生产关系更适应现代社会的发展需要。需要正确对待这种改革，因为改革当中一定会出现一定的困难和风险，但是中国特色社会主义的道路能够为改革进程中的开拓者提供信心和动力，让人们充分地投入到改革运动中，发展和解放生产力。

（3）思想政治教育可以为经济发展提供环境。国家的经济增长是一个国家能够为人民提供经济商品的能力保障，而这个能力是通过技术的进步和意识形态的完善实现增长的。经济发展在任何社会中，都需要有思想意识的支撑。人们的生活生产方式，随着全球经济的变化都产生着相应的变化，这反过来也会影响人们的思想观念和价值观念，各种新的思潮涌现能够深刻影响我国意识形态的变化，在这种情况下，意识形态为统治阶级服务，而意识形态的教育也是思想政治教育中最主要的环节。

只有社会的稳定与和谐才能够促进社会环境长足发展，而思想政治教育能够通过对意识形态的教育，来为人们创造良好的社会舆论氛围和精神氛围，通过社会良好风气的养成来促进市场经济健康发展。思想政治教育能让受教育者辩证和全面地看待经济问题，并通过客观科学的分析，让人们从经济增长框架中拓宽视野，通过树立自己的科学发展观念，让经济和社会的进步具有可持续性和科学性，在思想政治教育的教学内容中，总结出方法论和指导思想，从而形成对经济进步方面的正确认识，并逐渐形成良好的社会，心理环境和道德环境。在思想政治教育的教学内容当中，总结出方法论和指导思想，对经济逐步形成正确认识，逐渐形成良好的社会心理环境和道德环境。

3. 生态价值

让全民形成环保意识和节约意识，对生态环境也有正确的保护意识，形成良好的合理的消费观念，共同营造良好的社会风气。让人们在良好的生活环境下，为生态作出自己的贡献。

思想政治教育在引领生态思潮促进生态文化创新方面也是重要推动力。工业化发展让人们对自身所处的环境和不断恶化的生态有了更清晰的认识，人类要面对的生存危机也日益凸显，在危机中形成了多种生态思潮，如生态哲学、生态政治学、生态社会主义、生态社会学等，从不同方面寻找生态危机产生的原因并找到解决方法。生态思潮主要通过重新审视人类文化，批判一部分思想文化，从思想上寻求生态危机产生的根源，也就是社会文化和价值观方面的问题。思想政治教育需要以马克思主义为指导，从这个角度出发，帮助人们形成正确的生态观，引领生态思潮的发展，探讨生态思潮产生的原因，从本质上揭示，让人们在评价和选择方面有更明确的方向。

人与自然的和谐发展，人类社会协调可持续的发展是全人类的共同追求，也是最终的发展目标。中国先进文化中，社会主义生态文化是关键的一部分，最终目标是要实现人、自然和社会的协调发展，这既是人类历史发展势不可挡的趋势，也是先进文化的要求。思想政治教育立足于当下，紧跟时代发展步伐，在生态文化建设方面，始终坚持创新，遵循生态文明建设原则。这样做的目的是让受教育者明白生态文明建设的价值，认识到自然界不仅可以为人类提供物质所需，还可以满足人们在科学、审美、文化方面的需求，具有极大的精神价值。一定要充分发挥思想政治教育在文化创新方面的作用，以科学发展观为指导，从古今中外的生态文化思想中吸取合理的部分，人民群众在生态文明建设过程中的经验也值得借鉴，可以总结和提炼，使生态文化朝着创新方向发展，在未来发挥更积极的作用。

（二）思想政治教育的集体价值

具有共同目标的人聚在一起组成一个集体，集体成员之间相互影响，有共同的目标追求，朝着同一个方向努力。思想政治教育价值有时通过集体价值表现，以集体为主，思想政治教育的客体价值通过集体来实现，也就是思想政治教育活动可以满足集体发展需要。由于思想政治教育本身具有独特的属性和作用，因此可以对集体产生积极的影响，促进集体发展。

1. 发展集体目标

个人价值的实现是在社会中进行的，也是在集体中进行的，而社会的发展也同样需要集体和个人的努力，而思想政治教育就是帮助人们如何处理个人、集体和社会三者之间的关系，在集体目标中融入社会建设的目标，让集体目标体现社会发展的方向，促进集体科学的发展。如果集体制定的目标能够得到全体成员的认同，那么这个目标就是有效的，并可以全体成员作为个人目标努力践行，这样可以推动更好地实现集体目标。思想政治教育主要通过宣传的方式，让人们认识到集体发展的目标，可以让人们用辩证和发展的眼光来看待这一目标，使个人的目标与集体目标发展相一致，使个人明确自己的志向。

集体成员在思想政治教育的融入下，能够更明显地表现个人情绪，使他们情感更充沛，彼此之间的关系更融洽，激发出积极的情感，抵制消极情绪。此外，还可以引导集体成员在情感和组织上更加积极向上。最终使集体目标内化为个人的目标，凝聚众人的力量，从而更好地完成集体目标。

2. 形成集体文化

全体成员的共同努力才创造了集体文化，它包括任何物质的和非物质的文化，集体成员通过学习可以使之继续传承和发扬。在集体文化建设和发展过程中，思想政治教育主要有以下两个作用：

（1）在制度文化方面，集体成员的行为受到各种规章制度的约束和支配。集体成员对规章制度的认同，关系到他们自身的利益，如果能够很好地贯彻落实规章制度，可以实现全体成员的利益，稳步提升他们的物质生活水平。因此，要帮助全体成员对集体的规章制度产生认同并自觉遵守，在执行制度过程中也要不断完善。

（2）在精神文化方面，思想政治教育对人的思想具有塑造作用，统一集体成员的价值追求，树立正确价值观，让集体文化拥有更强大的生命力和凝聚力。通过思想政治教育活动，能够不断强化有代表性的集体文化，一些有特色的集体仪式和集体象征物等能够以更独特的面貌和方式对全体成员产生相应影响，塑造更好的集体形象。

3. 增强集体凝聚力

中国共产党一直就有进行思想政治教育的传统，思想政治教育可以团结和凝聚广大人民群众的力量，在长期的革命实践中已经得到了验证。思想政治教育可以使人们团结一致，使之形成强大的动力，推动集体发展，凝聚众人的力量。

（1）强化集体认知。思想政治教育通过让个体认识到自身与社会的连接，来实现个人价值；同时，个人通过思想政治教育，逐渐形成集体的认同价值观和行为准则，并通过准则约束集体成员的行为。

（2）深化集体情感。思想政治教育能够培养个人对集体的认同感、归属感、荣誉感，构筑健康的集体心理，使个体渴望成为集体中的一员，自觉把个人利益和集体利益结合在一起，与集体荣辱与共。

（3）坚定集体信念。思想政治教育通过引导人们的思想意识来影响集体成员的行为习惯，让集体成员形成集体荣誉感和责任感，并对集体保持忠诚、自信和自豪感，这种觉悟能够让集体成员保持齐心协力的发展方向，通过共同的目标来激励自己约束自我的行为习惯。

4. 构建和谐成员关系

集体主义教育包括多方面的内容，主要有如何处理个人与集体的关系、对他人更理解和包容、集体成员之间彼此团结合作等。思想政治教育也采用了多种方式，来缓解集体内部的矛盾，解决问题，使集体内部成员关系更融洽、团结一致。

（1）创造良好的集体氛围。思想政治教育要建立在对集体成员有很好的认识与了解的基础上，及时发现并解决问题，对集体成员有正面引导；领导者和群众具有一定的权威，在集体舆论的形成中具有重要作用，可利用他们把握舆论导向；在舆论中融入思想政治教育的内容，在无形中增强舆论感染力，创造积极向上的良好氛围。

（2）创造平等沟通交流的平台。思想政治教育要发挥沟通的作用，可以通过面对面的直接交流、讨论座谈会以及其他形式的媒介，促进思想的交流和意见交换，分享彼此的感受，使双方有自由平等交流的平台，可以增进感情，促进解决问题。

（3）关注集体成员的心理。思想政治教育可以促进形成良好干群关系，也可以帮助集体成员处理各种人际关系，正确看待彼此之间的关系，避免因为竞争导致的认识偏差，让集体成员保持心理平衡；还可以更清晰地认识和了解集体成员的思想，方便制定和完善某些政策，兼顾到集体成员的意愿。

（三）思想政治教育的个体价值

思想政治教育的个体价值体现在能够满足个人生存和发展的需要。实现人的自由和全面的发展是思想政治教育个体价值最本质的表现，也是最终的目标。思想政治教育的个体价值可以从激发个人的精神动力，塑造良好的个人品格和规范个体行为等方面体现出来。

1. 规范个体行为

随着改革开放的深入和市场经济的繁荣，社会呈现出前所未有的活力，这些对社会规则也提出了挑战。我国目前正处于社会转型时期，思想政治教育的意识形态作用更加凸显，要努力践行社会主义核心价值观，通过道德和法律，双管齐下，规范学生的行为。

思想政治教育是对受教育者进行有组织、有目标的道德教育，可以让受教育者拥有良好的道德品质，陶冶情操，树立正确的道德观念，将这些道德意识内化于心，对自己的行为产生约束，在社会活动中用更高的道德规范来约束和管理自己的行为。加强法制观教育，形成良好的法治社会氛围，让全体社会成员自觉形成遵守法律、学习法律的意识。同时，也要发挥法律的作用，引导和规范全体成员的行为，保障成员的利益，为社会主义核心价值观的践行提供制度保障。

2. 塑造个体人格

一个人整体上的精神状况就是人格表现，人格具有一定价值倾向，也是一种较为稳定的心理特征。人格主要包括个人心理素质、精神追求、道德情操等。思想政治教育最主要的是要通过一定的方式，让受教育者形成良好的个人品格，在精神境界方面达到更高的层次，拥有健康的心理素质，为未来社会的发展培养高素质人才。

思想政治教育工作的深入开展，引导受教育者明确自身定位，认识到自己在未来社会发展中的地位，增强责任感和使命感，拥有主人翁意识；也让受教育者明确人生目标，树立崇高的理想，明确奋斗方向，对社会、人生和个人有更清晰的认识，具备改造和适应环境的能力；影响受教育者的认知、情感和态度，让其拥有健康向上的心态，热爱生活，主动创造，在生活中积极乐观，顽强奋斗，发挥个人的潜能，促进人格完善。由此可见，思想政治教育在完善和发展自我方面具有重要作用，给人内在的精神动力，帮助塑造健全的人格。

3. 激发精神动力

让学生拥有积极向上的精神力量，促进学生全面发展，是思想政治教育的重要作用之一，在激发学生精神动力方面思想政治教育可发挥很大作用。人因为有需要才有行动的动力，进而有行动。人的需要无外乎两种：物质和精神需要，也会因此产生物质和精神上的激励。中国特色社会主义建设不仅要有正确的经济手段，还需要对人们进行精神鼓励，即思想政治教育。而思想政治教育对人的激励有民主激励、榜样激励、情感激励和目标激励等。

一方面，思想政治教育宣传社会主义民主，另一方面，也通过各种方式让受教育者参与到社会主义管理中行使权利，这样可以调动受教育者的积极性；榜样激励是通过榜样的力量来影响受教育者，激发他们的上进心；情感激励是满足受教育者的情感需求，使他们在情感上趋向于积极、正能量；思想政治教育在理论方面始终以马克思主义理论为指导，践行社会主义理想信念，让受教育者树立正确的人生观和价值观，在精神层面给予人们动力。

第三节　思想政治教育的目标及其架构

人们在思想政治教育之前会事先预估受教育者在未来的道德素质、思想、政治素养等，教育目标的设定前提在于开展思想政治教育想要获得到的期望结果，即受教育者的收获以及感受是评判思想政治教育的教育效果、教育价值的标准。"教育目标的正确是教育取得成功的前提"①，开展思想政治教育的最终目标是教育活动成果、教育质量以及数量。反之，教育成果、目标和数量作为一个标准，对于思想政治教育，也具有指导和调控作用，即利用这些结果及时调整教学方法、教学内容等。

一、高校思想政治教育目标的具体体现

（一）德育体现

德就是道德、品德，属于学生实现全面发展的重要组成之一，要想培养受教者拥有"德"，就需要教育工作者在开展思想政治教育时能够依据社会要求有目的、有计划、有步骤地组织受教者积极主动地对于事物展开认识并在实践中验证，也只有这样受教育者才能形成满足社会要求的道德品质。优良的品质符合社会要求，与社会的发展方向基本一致。优良的品质也是学生自身身心得到发展的保证，以及推动学生不断发展自身智力、体型、心理承受力的保证。德的作用具体如下：

第一，在思想政治方面，对受教育者展开德育：①可以激发他们的爱国情怀，树立其民族自尊与自信，培养他们自觉维护国家荣誉和民族团结的意识；②可以树立一种全心全意的服务思想，坚持为人民服务；③拥护党的领导，坚持走中国特色社会主义道路这一基本领导路线，坚持将实现中华民族伟大复兴的中国梦作为共同理想；④树立正确的世界观和方法论，正确认识认识国家的政治、经济和文化，揭示人类的发展规律；⑤形成法治观念，坚持做到遵纪守法，在法律允许的范畴内除了享受权利之外，还要自觉履行义务。

第二，在道德素质和文明习惯方面，对受教育者展开德育，可以帮助学生深入理解个人与他人、集体与社会、国家与民族之间的关系，培养学生强烈的集体意识、责任意识。面对社会，他们遵纪守法，热爱劳动，能坚持诚实守信、勤劳谦虚、乐于助人、尊重他人、礼貌待人、抵制不良的社会风气，同时也能严格遵守学校规章制度。

第三，在个性品质和能力方面，对受教育者展开德育，可以帮助在探索精神、学习精神、辨别精神和创新精神的指导下，发展出开拓理念、平等竞争、团结协作等与社会发展相适应的理念，拥有分析社会现象、判断事物性质以及处理社会问题的能力。在生活中，那些意志坚定且品德优良的人通常都会做到自律、自强，且看待事物总是抱有积极、健康的心态。在他们的内心深处，拥有极强的成就感和荣誉感，强大的心理承受能力使学生在面对困难和失败时能够很快适应。

---

① 黄佳. 高校思想政治教育目标的反思与完善 [J]. 科教导刊, 2016 (7): 66.

（二）智育体现

作为实现学生全面发展的基础，智即智力或才智，智育是指教育工作者向学生传授文化知识和技能，且这种传授方法是有目的、有计划、有组织的。在社会实践中，没有智慧的支持学生难以完成实践任务。在生活中，人们将智慧看作判断学生能够符合国家有用人才标准的判断准则之一，具体体现在以下方面：

第一，在系统科学知识方面，一个能够满足社会需求的学生势必会有合理的知识结构，一方面，他们有深厚的专业知识储备量；另一方面，他们还有广博的知识面来为专业知识作为补充，如人文社会科学知识、自然科学知识和专业知识。人文社会科学知识涵盖哲学、经济学、政治学、法学、文艺学、伦理学等学科的理论与方法，属于一个总称；自然科学知识涵盖了与自然界物质形态有关的结构、性质、规律等，是在总结自然科学知识与自然进行斗争的经验而成；专业知识具有相对稳定性，指那些从事某些专业所必需的理论和知识。学生应该坚持努力不断拓展知识领域，提高人文素质和科学素质，深入掌握专业的理论基础和应用技能。

第二，在基本技能和技巧方面，在日常智力活动和体育活动中，学生的活动要具备学习技能、操作技能、社会活动技能等从事本专业所需的基本技能技巧，其中最重要的是帮助学生提高创新和实践能力。在当下，创新意识与创新能力是判断学生是否符合高素质人才的保证，也是学生可以赢得未来竞争的关键之处。作为重要素质之一，学生只有具备与思考能力相匹配的动手能力，才能在实践的过程中做到学以致用，进而将自己的能力发挥出来。

第三，在发展智力方面，使学生具有良好的观察能力、想象能力、形象思维能力、创造能力、自学能力和分析问题、解决问题的能力；拓宽视野，发挥学生的志趣和特长，具有实事求是、独立思考的科学态度和不断追求新知识的精神。

（三）体育体现

作为学生实现全面发展的基本组成部分，体即身体，体育是指教育工作者以身体练习为基本手段向学生传授的基本知识、技术和技能，并以此来进一步提升学生的身体素质。学生实现全面发展离不开身体作为基础，智力变现也同样离不开身体作为基础。学生的身体素质具有先天性与差异性，学生只有拥有了健康的体质，才有可能会实现全面发展，做到为人民服务。从某种角度来说，健康的体质还被人们看作中华民族旺盛生命力的显著表现，具体表现如下：

第一，在身体素质方面，为了确保学生可以拥有良好的身体素质，从事教育的工作者应该有意识、有计划、有组织、有目的地引导学生可以通过各种方式方法实现身体功能的正常发展，以便进行生产、生活活动。应具备基本的体育锻炼技能，如基本的体育锻炼方法、基本的体育锻炼技巧、基本的体育锻炼技能，使基本的体育锻炼技能成为自觉锻炼的习惯。

第二，在卫生习惯方面，学生一方面要对保健知识有丰富的储备量；另一方面要在日常生活中坚持良好的保健习惯、卫生习惯。

（四）美育体现

美作为一种审美观，是学生实现全面发展的必要组成部分，美育是指教育工作者借助审美教育，来对来自生活中的各种艺术和美的事物进行学习，促使学生树立审美观，拥有对于美进行理解、欣赏、创造的能力。具体而言，欣赏美的能力体现在以下方面：

第一，在审美观方面，在辩证唯物主义文艺观的影响下，一步步提升精神境界，具有更高的审美比较分析能力，以助学生有想象力，能感受到现实美、艺术美和审美情趣，进而自主对真善美与假恶丑进行判断，最终能够形成更高层次的美感。

第二，在审美知识和审美能力方面，只有在对各种艺术的基本知识进行掌握的基础上，才真正对美具备正确理解和欣赏能力，自主对各种美的事物展开自己的分析与评价；反之，学生对于美的认知能力，也在丰富的艺术知识、强烈艺术兴趣的作用下，得到进一步丰富。

第三，在审美实践方面，不仅要有兴趣去欣赏美，还要有能力理解美，更要对美有创造的能力和兴趣，勇于借助各种艺术形式对美进行表达；有意识养成整洁、清洁、美化环境和生活的良好习惯，学会在学习中感知美、在生活中创造美；有意识形成健康的兴趣、爱好，学会利用美来观察生活、建设生活，做到心灵美、语言美、行为美，以便能够形成高尚的情操、健康的人格。

德作为思想基础，在学生实现自我全面的过程中起着重要的引导作用；作为为学生实现全面发展提供科学知识、智力基础的智，对于这一目的的实现起着至关重要的作用；良好的身体素质为学生未来实现全面发展奠定了坚持的物质基础，是学生实现全面发展的生理保证；美渗透到全面发展的各个方面，对学生的无论是身体还是心理均起到重要的推动作用。

高校思想政治教育的最终目的是通过对学生进行德育、智育、体育、美育，来将学生培养成一个德智体美全面发展的人，使他们成为能够满足社会需要的新时代人才。

二、思想政治教育目标的设置原则

（一）现实性原则

现实性原则的实质，是指导学校在实事求是这一思想路线的指引下依据实际情况、实际条件以及实际需求拟定思想政治教学目标。现实性原则从本质上与党的核心思想路线是一致的——坚持实事求是。"实事"实际上就是指一切在客观存在的事物，"是"是指事物之间存在的客观规律，"求"则指人们的对于这种规律的探索与研究，即求知欲。依据现实开展思想政治教育活动是开展教育活动必走之路，在教育中现实性是在众多规律中具有不可超越性。在实际教学中坚持现实性原则，来拟定教学目标是其必要之选，具体如下：

第一，坚持深入实际进行研究，将时代精神、特征体现在教学目标上，以培养具有开拓精神、创新精神的人才为目标。只有这样，才能让思想政治教育避免更多的主观性和盲目性，具有更多的实效性，进而能够对思想政治教育具有更强的指导性意义。

第二，坚持将实践和理论两者之间的关系联系起来，即坚持认识和实践统一、主观与客观统一。只有这样，学生的教学目标才能在设定上更加符合时代精神，能够激励学生即便是在困境中也能坚持奋斗、坚持努力。

第三，坚持与时俱进，用发展的眼光看待社会变化和学生思想的变化。换言之，由于时代和社会是处在不断发展的状态，加之学生自身的思想也在不断变化，所以高校思想政治教育的设定目标也要根据现实条件及时做出调整。

（二）系统性原则

系统性原则又称整体性原则，具体在设定思想政治教学目标时，系统性原则将思想政治教学目标体系作为一个整体，引导学生在完成各个阶段目标的过程中逐步完成整体目标，符合这样标准的思想政治教学目标具有系统、完整、平衡等特征。所谓的系统实际上是指各个要素按照一定联系、方式、逻辑所组成具有特定功能和结构的有机整体。作为一个综合性概念，从体系结构来看，目标通常按照一定的逻辑集合了多个子目标，思想政治教学目标也同样如此。在这些子目标中，他们又各自具有各自的规定性和特殊性，各个子目标相互联系、相互渗透成一个完整的思想政治教育目标，通过将各自的特质发挥出来发挥出这一整体目标的作用。

目标具有预期性，它是人们对于时间在未来可能会产生结果的一种预判，教育目标也同样如此。在设定思想政治教育目标时，一定要注意考虑全面，面向全体学生，提出科学的思想政治体系，并以此为基础提出统一的目标，具体要求包括：①在学生教育方面，社会、学校和家庭一定要对这点达成共识，以便能够形成良性机制，为人才实现全面发展营造一个好的氛围、创造一个好的条件；②在设定目标时，教育者一定要注意考虑到出于受教育者自身的道德水平，在发展道德品质的过程中存在阶段性表现的现象。完成设定目标绝对不是一个一蹴而就的过程，需要耗费时间、精力，才能逐渐提高。

（三）层次性原则

层次性原则，是指根据对象的思想状况、发展需要分别确定不同层次的思想政治教学目标。层次性原则在实际教学中具有科学性，其主要原因在于教学对象学生自身的生存环境、接受能力、性格特征、道德品质、思想觉悟、理论水平以及受教设施存在不同，这一原则完全可以考虑个体与个体之间的差别，做到因材施教，将个人的能力发挥到极致。具体在思想政治教学中，除了上述因素之外，现实生活人们在思想上的状况也是重要的影响因素之一，在设定目标时，应对人们的思想现状给予关注，即一定要根据学生思想实际状况来确定思想政治教育目标。在实际教学中，层次性原则具体要求如下：

第一，坚持从实际出发，根据学生的思想状况开展有针对性的工作。要想思想政治教育切实可行，唯一的途径就是在实践中了解学生在认知、思想以及身心方面状况，并以此来设立符合不同层次学生人群的教学目标。

第二，坚持用整体视野，对不同层次的教学目标进行规划。在目标设定上，学校应该注意统一思想政治教学目标的先进性和现实性，让学生在学习的过程中实现全面发展。

第三，营造一个民主、和谐的环境，一个既能帮助学生实现全面发展又能帮助学生实现个性化发展的环境。

三、思想政治教育目标体系的架构

开展思想政治教育，首先要做的是搭建一个适合学生发展的思想政治教育目标体系，只有在思想政治教育的目标体系得以确定，才能为思想政治教育在未来展开教学工作指明方向、确定内容、提供方法、搭建队伍等。教育目标不仅是开展思想政治教育的起点，也是开展思想政治教育的终点。

（一）教育目标体系构建的维度

教育目标涵盖了党、国家以及相关部门依据时代背景、历史人物而提出的问题，也包括了受教育者自身对于实现健康成长而提出的问题。思想政治教育目标体系具有统一性、复杂性、多样性以及层次性特征。思想政治教育目标体系作为一个综合概念，需要在目标的指引下，确立阶段目标，然后在这些小目标的引导下，一步步实现最终目标。在这个过程中，教育目标起着引导、鼓励、选择和评价的作用，可以直接检验该目标是否合理，以便能够及时做出调整。在设定高校思想政治教育的教学目标时，一定要注意根据当下时代对于人才的要求，结合本国学生的特质，科学合理地设定一个具有实效性的思想政治教育目标体系。

在系统论的影响下，思想政治教育建立起一个具有系统性、开放性的四维立体教育目标体系。在横向，该体系贯通渗透；在纵向，该目标体系以层级递进的形式将各个目标群有机地联系起来。

第一，横向思想政治教育目标群。在学生成长的过程中，横向思想政治教育目标群在思想、政治、道德、法纪以及心理五项要素目标共同作用的情况下就此形成。五项要素之间互相联系、互相渗透、互相制约。其中，政治要素目标是根本，思想要素目标是导向，道德要素目标是核心，法纪要素目标是保障，而心理要素目标就是基础，同时也是上面四种要素目标提高的中介。

第二，纵向思想政治教育目标群。纵向思想政治教育目标群根据循序渐进的原则将不同年级的学生设定不同难度的教学目标。其中，低年级思想政治教育目标与高年级思想政治教育目标之间相互衔接、分层递进，低年级教育目标是高年级教育目标得以实现的基础，高年级教育目标是低年级教育目标实现后的发展目标。无论是低年级教育目标还是高年级教育目标，都是根据学生在不同学段而提出的，在学生的成长过程中一定会经历。

第三，思想政治教育目标体系的内部结构。认知、情感、意志、信念以及行为目标群共同构成了思想政治教育目标体系的内部结构。无论是横向思想政治教育目标还是纵向思想政治教育目标都涵盖这五个方面的目标。这个目标群之间并不孤立，而是一种有机的联系，彼此之间纵横交错但又有机统一，其中，信念的坚定与否决定行为是否自觉。行为目标和意志目标、信念目标之间存在重合处。

第四，思想政治教育目标体系的外部结构。政治、经济、文化、社会、环境等多种实际因素构成了思想政治教育目标体系的外部结构。在当下，面对瞬息万变的新形势，如何增强时代感、加强实效性、增强针对性成了思想政治教育目标体系的重点解决问题。只有在把握时代脉搏，根据现实社会及时做出调整的目标体系才能与时俱进，才能将指导作用、控制作用和调节作用发挥出来。由此可见，思想政治教育的实效性决定这一作用的发挥程度。

从本质上讲，思想政治教育是一种实践活动，阶级性和超越性是这一活动鲜明的两个特征。但是传统思想政治教育却对这一特征并不重视，所以对于思想政治教育目标体系的外部结构并不重视，导致在搭建思想政治教育目标体系时建立起的不是四维目标体系而是三维的。三维思想政治教育目标体系导致目标体系和社会脱离联系，成了一个孤立、封闭的目标体系，背离了实际。

（二）教育目标系统的设计环节

在实践的过程中，实施一个目标一般会经过制定、执行、评估和总结四个环节。对此，人们可以借助计算机信息技术开发一个与管理思想政治教育目标相关的系统来在教学过程中落实思想政治教育目标，该系统可以按照这四个环节设计，即按照目标制定模块、学习目标管理、素质拓展目标管理、总结反馈模块四个模块对该系统进行大体划分，然后再对这四大模块进行细分，例如，目标制定模块还可以细化成以下方面：

1. 制定目标

具体在制定目标时，该系统可以通过邀请学生每个学期填写相关模块的调查表，帮助学生制定具体的目标和计划。例如，在阅读模块中，制定自己在本学期的阅读计划，可以具体到看几本书。在计划完成的同时，系统也会据此生成一份学期计划书以及相关的评估标准。在实际的教学中，教导员可以通过观看这份计划书，来深入了解学生的想法，进而能够有意识地引导学生对计划中的不足之处及时进行改进。

2. 执行目标

在目标执行这一模块中，教师和学生一定要完成既定目标之后，及时在系统进行记录，切记一定要加强纪律和管理。一方面这可以确保学生完成既定的任务，提高学生的学习能力以及自控能力；另一方面也能确保系统最终做出的评价是科学合理的，是具有参考性意义的。

3. 评估目标

在目标评估模块中，系统会根据学生以及教师所填写的内容，对学生在本学期内的表现生成评价性报告。这一方面有利于教师了解学生学习情况，能够对那些需要教师帮助的学生及时伸出援助之手；另一方面还有利于学生了解自身制定目标的可行性，以便做出调整，制定出更具合理性和可行性的计划。但是还要在定量评估和定性评估之间做出协调，以便在适当的方面采用适当的评估方法，对学生做出公正合理的评估。

4. 总结反馈

在总结反馈这一模块中，教师要依据上面的评估小结，帮助学生找到不足、原因和问题，总结经验之后制定新的计划。除此之外，教师在必要时候还可以借助一定物质奖励来促使学生更加努力。

思想政治教育目标管理系统的具有其他形式都难以媲美的开放性、及时性和可量化。这一模式凭借自身的优势，为高校思想政治教育的开展提供了便利，这一现代化管理工具的建立真的是思想政治教育在当下众多探索中最为有益的一个。

第四节　思想政治教育的内容与方法创新

一、思想政治教育的内容创新

"理想是主体对真、善、美最完美的、没有任何缺陷的想象和自觉追求，理想信念教育是学校思想政治教育的核心和主题。"[①] 加强和改进学生思想政治教育的主要任务是以理想信念教育为核心，深入进行树立正确的世界观、人生观和价值观教育。

（一）思想政治教育与心理健康的融合发展

"大学生的心理问题直接影响到他们的学习和生活，大学生心理健康教育是高校实现心理育人的重要途径。"[②] 心理育人与思想政治教育的深度融合是新时代育人工作的要求。要完成立德树人的根本任务，就要将心理健康教育更好地融入思想政治教育之中。

1. 思想政治教育与心理健康教育的一致性

（1）教育对象的一致性。大学生思想政治教育可以加强人的主体地位。人是一切社会关系的总和，人的最终发展都是为了真正成为一个合格的社会成员，这是人从自然人转向社会人的变化过程。随着社会的发展，人们也在不断增强个人的社会性，目的是让自己能够适应社会的发展。想要增强人的主体性，通过思想政治教育再合适不过，只有这样，才能让人们明确自身的主体地位，从而形成一个全面发展的个体。

心理健康教育也是以人为主体，其开展的活动是围绕人的心理健康变化进行的，通过开展心理健康教育活动，引导人们树立健康的心理意识，不断提高自我心理调节能力，在必要的时候，可以及时寻求心理帮助，从而及时地调整自己的心理状态。

---

① 何淑贞. 学生理想信念教育探析 [J]. 教师博览（科研版），2013（2）：5.
② 王姝，郝宁，陈宁宁，等. 新时期大学生心理健康教育的思考 [J]. 中国继续医学教育，2022，14（20）：148.

大学生思想政治教育和心理健康教育的实现离不开人际沟通，主要体现在思想交流和心灵交流两方面，两者的主要共性是其教育对象都是人，自然，高校里主要指的是大学生，并且两者的最终目的都是促进大学生的全面发展。

（2）根本任务的一致性。全面打造个体的健全人格，让社会成员不断丰富和提高自我精神世界，形成健康优良的心理品质是思想政治教育的重要任务。

心理健康教育应从大学生的心理和生理发展特点出发，通过运用相关心理学教育的手段和方法，不断培养大学生完善的人格和优良的心理素质，最终使其全面和谐发展。

在大学生思想政治教育中，以人为本是其本质要求。以人为本对思想政治教育者的要求是要始终将人作为主体，能够让大学生不断充分发挥主体地位，根据对学生思想状态的全面客观认识，结合时代发展和人的全面发展，进行主动研究和创新，不断加深对大学心理健康的认识。作为建设和发展健康大学生心理的根本目的，教育者应当不断完善和扩宽个人的认识领域，不局限于当下，这对于培养大学生健康的心理至关重要。要始终坚持在心理健康教育中，引导学生树立正确的人生观、价值观和世界观，使其具备健全的人格和优良的心理品质。要积极主动地激发学生的自主学习能力和创造力，让学生的价值观能不断地完善和发展，从而促进学生的全面发展。

（3）工作目标的一致性。进行思想政治教育的最终目的是不断提高人们认识和改造世界的能力，然后通过改变客观世界而影响主观世界的建立。思想政治教育的既定方式是实践活动，其对象是人。思想政治教育的主要思想是用正确的思想教育人和用科学的理论武装人，使人们能够正确认识主观世界和客观世界，从而树立正确的人生观、世界观、价值观。这是一个不断坚定信念、提高思想政治水平、提高个人修养、充分发挥个人主观能动性、全面促进人的自由发展的过程。

高校要将培养大学生健康人格和良好的心理品质作为心理健康教育的目标。大学生在心理健康教育中，通过不断学习，不断加深对自我的认识，不断完善和健全人格，时刻保持正能量和积极乐观的思想，从而对人生充满希望。

要想促进人的全面发展，就需要将人性的全面自由发展作为出发点和落脚点。培养人的全面发展是进行思想政治教育和心理健康教育的最终目的。在马克思主义理论中，个人的全面发展是指充分自由发展的个人劳动力（包括体力和智力），是为了多方面地发展人的品质和才干，是丰富和发展人们之间的社会关系以及协调发展人与社会的关系。各大高校在培养学生良好的文化素质修养、专业修养、身体素质等方面的同时，也应当注重学生良好心理素质的培养，从而促进广大学生的全面健康发展。

2. 思想政治教育与心理健康教育相辅相成

思想政治教育是指引人们树立正确的世界观、人生观和价值观的重要方式，是对受教育者的向外眼光的无限扩充和延伸，对于人们认识世界和改造主观世界来说至关重要。从小树立正确的人生观、价值观，能够让人们在进行行为向导和心态调控时做出积极调控，从而形成自我意识的正确调控。正确认识自我对很多人来说并不容易，只有不断地发掘自我的潜能，才能正确地认识自己。所以，在进行自我认知分析的过程中，要给自己设定好预期目标，然后经过高度的自控和自律，以及坚定的个人意志，不断实现自尊、自爱、自强、自信，这也是一个不断完善个人人格的必经之路。科学的人生观、价值观对于创新人格魅力起着重要的作用。心理健康教育作为关注学生心理变化成长的个性化教育，是在心理上对学生进行引导，是关于心理素质的培养、健康人格的培养、正确价值观的培养、积极进取人生态度的培养和创新人格的培养。

人的思想在形成和发展的过程中，一部分受到外界客观条件的影响，一部分也受到内在主观因素的影响，比如个人的生理因素和心理因素的影响。在对大学生进行心理健康教育时，应注重潜移默化地进行，通过正确引导大学生，使其形成健康的心理品质、成熟的意志、优良的心理素质和坚定的意志品质。作为培养良好的政治素养和道德品质的基础，应当积极培养大学生健康良好的心理素质。在大学生正确的世界观、价值观和个性品质的培养教育过程中，大学生心理健康教育起着决定性作用，并且应当始终坚持以人为本和坚持社会主义核心价值观，从而使大学生的综合素质得到全面发展。大学生的思想品德受其心理状态和素质的影响，所以，积极开展心理健康教育活动对于培养学生良好的思想品质起着决定性的作用，众高校应该积极组织学习和实践。

3. 思想政治教育与心理健康教育协同创新的路径

思想政治教育和心理健康教育在培养学生综合素质方面都起着关键作用。它们有许多共同之处，比如都是教育领域的一部分，都旨在提高学生的发展水平，以及都关注个体的内在状态和价值观。在实践中，思想政治教育和心理健康教育可以通过协同创新的方式相互补充，从而更好地满足学生的需要。

（1）思想政治教育和心理健康教育可以通过整合课程内容来协同创新。这意味着在思想政治教育中可以引入一些关于情感管理、人际关系等方面的内容，以帮助学生更好地理解和应对社会和个人问题。这不仅能够帮助学生更好地理解思想政治教育的核心概念，还能够提供实际的心理健康支持。

（2）学校可以通过跨学科的方式来推动思想政治教育和心理健康教育的协同创新。学科之间的融合可以帮助学生更好地理解各种主题之间的相互关联性。例如，历史课程可以与心理学课程相结合，以帮助学生理解历史事件对个体和社会的心理影响。这种跨学科的教育方法有助于培养学生的思辨能力和综合素质。

（3）学校可以采用更加互动和实践的教学方法，如小组讨论、角色扮演等，来促进思想政治教育和心理健康教育的协同创新。这些互动性的方法可以使学生更好地参与学习过程，培养他们的沟通技能和解决问题的能力。此外，这些方法还有助于提高学生的情感智力，帮助他们更好地理解和应对自己的情感和他人的情感。

（4）学校可以通过提供心理健康支持服务来促进思想政治教育和心理健康教育的协同创新。学生在学习过程中可能面临各种压力和情感问题，学校可以提供咨询和支持服务，以帮助他们更好地应对这些问题。这种支持可以帮助学生更好地理解自己的情感和行为，同时也有助于提高他们的学业成绩和人际关系。

思想政治教育和心理健康教育可以通过整合课程内容、跨学科教学、互动性教学方法和提供心理健康支持服务等途径协同创新。这种协同创新有助于培养学生的综合素质，帮助他们更好地理解和应对各种社会和个人问题，从而更好地迎接未来的挑战。

（二）思想政治教育与法治文化的融合发展

1. 法治文化的科学内涵

法治文化是人们在法治实践中形成的、体现着法治精神和理念、原则和制度、思维方式和行为方式的一种进步文化形态。法治文化是法治特殊性与文化普遍性的有机统一，法治文化也是人类整体文化的重要组成部分。法律的形成和确立，是人类迈向文明的重要体现。

（1）法治文化承载政治使命。法治文化虽然是一种重要的文化类型，但由于它浓重的法律色彩，使得这种文化类型的政治功能显得比其他文化类型更为突出和强烈。法治文化不同于文学、艺术、美学等类型文化，法治文化是一种用来调整社会关系和社会生活的调整性文化，它承担着特定的政治使命和政治目的。

法治文化是以法律作为核心要素和基本前提的文化形态，没有法律就没有"法律的统治"，而法律规范是由国家制定和认可、反映由一定物质生活条件所决定的统治阶级意志的、以国家强制力保证实施的行为规范体系。

法律文化对一个社会绝大多数成员形成根本的价值标准、行为规范、思维方式影响极大，绝大多数社会成员都从法律文化中寻找自己判断是非的标准和尺度。

（2）法治文化强调制度构建。在法治文化的理念中，法律不仅仅是一种规范，更是一种制度的表达，这种文化类型强调建立和维护一套公正、透明、稳定的法律制度，以确保社会的有序运行和个体权利的保障。通过建立公正的法律制度，每个人都能在法律面前平等受到保护，而不受其他因素的影响。这种公正性体现在法律的平等适用、司法程序的公正审理等方面，从而维护社会的公平和正义。

法律制度本质上是通过制度的构建，达到对专制权力（包括私人权力与官方权力）行使的一种限制。通过构建公法制度，努力限定和约束政府官员的权力，以防止或救济对应予保障的私人权益领域的不恰当侵损，以防止政府的专断。

2. 法治文化的引导功能

法治文化的引导功能是作用于社会行为发生之前，对社会行为的模式以及行为的后果进行整体布局、规划的功能，简而言之就是划定路线与方向。引导是法治文化发挥作用、显示价值的重要形式。

（1）引领国家发展方向。发展是我国目前的第一要务，是解决一切问题的根本，且发展离不开法治文化的保障和引领。宪法反映全体人民根本利益与共同意志，规定了国家的国体、政体以及政治、经济、社会、文化、生态等领域活动准则与基本制度，是国家的根本大法，是治国安邦之本。宪法规定了党和国家发展的根本任务和奋斗目标，是一个历史时期党和国家中心工作、基本原则、基本方针、基本政策在法治上的体现。国家的发展实践从观念到行为都必须遵守宪法这个基本前提。

（2）整合各方利益关系。人民意志通过社会主义法治得以充分体现，换而言之，社会主义法治保障了人民的利益。社会主义法治具有平等属性，在调节和平衡社会关系和人的行为的同时，平等地保护每位公民的合法权益，并通过法定程序制定的法律，在最大程度上满足人民的利益诉求，在以法律为准协调各种利益关系、维护社会公平正义的基础上，凝聚各方面利益并最大限度达成共识。这将有利于在尊重个人权益基础上构筑全社会利益共同体和命运共同体。法律制定和实施的过程实质上就是社会利益的整合过程，法治文化的良性发育能够强化人们对利益共同体的认知和认同，是整合社会利益的最有效机制。

当前，我国社会转型过程中社会分化引起的社会结构尤其是社会利益结构的重大变化产生出诸多社会矛盾和现实问题，如果这些矛盾和问题得不到有效解决，那么在整个社会的发展过程中就有可能引发重大的社会危机，对这些变化了的社会结构进行新的整合，形成新的社会的"稳态"，使整个社会能够协调发展，必须发展并强化社会主义法治文化的整合功能，并积极探索新的整合方式、整合手段和整合途径。

（3）促进经济健康发展。法治反映了一个国家一定阶级经济社会发展的客观要求，是国家意志的体现，为经济社会发展指明方向、营造环境、提供保障。当前，在社会主义市场经济条件下，必须牢牢把握市场经济的特点规律，坚持市场经济就是法治经济的发展理念。市场主体具有独立地位，能够按照自己的意愿自主从事经营活动；市场经济是契约经济，市场主体之间能够平等协商、等价有偿进行公平交易；市场经济是竞争经济，市场主体能在统一、公正、有序的环境下展开竞争。

基于此，公权力必须置于法律框架之下，主动退出市场经营活动，划定自己的职权范围，并用法律来明确市场主体的产权关系、交换关系和竞争关系。否则，靠计划经济时期的思维行事，就有可能失去有序、可预期的有利环境，造成大起大落，从而破坏市场经济的行为规则和基本规律，最终破坏市场经济自身。

基于此，社会主义法治文化也必须适应社会主义市场经济的特点和规律，努力发挥其规范经济行为，创造公平公正、公开透明的社会环境的作用，这对于提供稳定的社会预期，引领和保障社会经济持续健康发展具有重要意义。

3. 思想政治教育与法治文化的融合实践

思想政治教育与法治文化的融合实践是一项重要的教育和社会发展议题，涉及培养具有坚定的思想政治信仰和法治观念的公民。这一融合实践在不同国家和地区以各种方式得到推动，旨在建立社会稳定、公平正义和法治的基础。

（1）思想政治教育是培养国民思想觉悟和政治意识的重要手段。它有助于培养公民对国家政治体系的了解，引导他们积极参与政治生活，并形成对国家法律和制度的信仰。在融合实践中，思想政治教育可以为法治文化的建设提供坚实的思想基础，使公民更容易理解和尊重法律。

（2）法治文化是强调法律权威和法律规则的文化，它有助于维护社会秩序和公平正义。融合思想政治教育与法治文化可以促进公民对法律的遵守和尊重，从而减少社会犯罪和纠纷。这种融合还可以帮助个体更好地理解法律对他们的权益和义务，促使他们在个人生活中更加负责任地行事。

学校和其他教育机构可以通过将思想政治教育和法治教育融入教育课程，培养学生具备正确的价值观和法治观念。教育界可以通过向学生传授宪法、法律体系和政治制度的知识，增强他们对国家法律体系的理解和尊重。此外，学校还可以鼓励学生参与模拟法庭、辩论和公民参与活动，提高他们的思辨能力和公共参与精神。

社会和政府也可以在融合实践中发挥重要作用。政府可以通过宣传法治文化，加强法律宣传和教育活动，以提高公众对法律的认知。社会组织可以开展法治宣传和公民教育项目，鼓励公民积极参与社会事务，了解和维护自己的法律权益。

思想政治教育与法治文化的融合实践是建设法治社会和培养有担当的公民的关键因

素。通过教育系统、政府和社会的共同努力，我们可以促进公民思想政治觉悟和法治观念的提高，从而建立更加公正、平等和法治化的社会。这种融合不仅有助于维护社会秩序，还有助于实现国家的可持续发展和公共福祉。

二、思想政治教育的方法创新

(一) 思想政治教育方法创新的原则

思想政治教育方法体系内容十分丰富，针对不同的问题可以采取不同的方法。但不论何种方法，其内在发展观决定它们坚持的原则是一致的，具体如下：

1. 整体性原则

在选择高校思想政治教育方法的时候，要坚持整体性原则，高瞻远瞩，从全局出发，抓住关键环节，使高校思想政治教育活动的各个环节相互支持、相互作用，进而迸发出整体的力量，有效地减少无目的、无组织的资源投入，并能实现思想政治教育目的，培养出合格的人才。高校思想政治教育方法现代化坚持整体性原则，就可以对高校思想政治教育工作进行宏观层面的整体把握，避免内耗、各自为政、无法统一行动的局面发生。

2. 操作性原则

坚持操作性原则也是实现高校思想政治教育方法现代化的基本前提。高校思想政治教育方法如果在实践层面上具体操作不了的话，不论它的理论基础多么雄厚、逻辑论证多么严密，对思想政治教育实践起不到任何作用。高校思想政治教育方法现代化坚持操作性原则，对于高校思想政治教育而言是具有针对性的。借鉴各种先进有效的现代化方法是迫在眉睫的，如心理疏导、隐性教育法等，这些方法适合于不同的具体场景。实践证明，在强调思想政治教育政治性原则的同时，在可操作方面进行一些调整，可以收获意想不到的效果。

3. 转化性原则

教育方法的本质不仅在于传授知识和技能，更在于培养学生的综合素质，包括道德品质和公民素养。为了达到这一目标，坚持转化性原则是至关重要的。这一原则强调了思想政治教育的目标不仅仅是使学生具备一定的理论知识，而是要求他们将这些知识转化为实际行为和价值观念的变化。

4. 可持续性原则

思想政治教育的重要性在于它不仅仅是一次性活动，而应该是一个长期、持续的过程。坚持可持续性原则意味着思想政治教育应该在学生的整个学习生涯中贯穿始终，而不是仅仅在特定时段进行。这一原则强调了教育机构和教育者需要建立持续的教育机制和制度，以确保教育目标的实现。

（二）思想政治教育方法创新的方向

思想政治教育是培养学生全面发展和社会责任感的重要组成部分，因此，其方法创新至关重要。高校思想政治教育方法创新可以从以下方向进行：

第一，多元化的课程设计。传统的思想政治教育往往以灌输知识为主，但现代高校需要更加多元化的课程设计。这包括引入跨学科的内容，涵盖政治、哲学、伦理、社会学等多个领域，以便学生能够全面理解社会和政治问题。此外，可以引入实际案例分析、小组讨论和角色扮演等互动性教学方法，以激发学生的主动学习兴趣。

第二，社会参与和实践经验。高校应该鼓励学生积极参与社会和政治活动，以丰富他们的实践经验，这可以通过组织学生参与志愿活动、社会调查、参观政府机构等方式实现。实践经验可以帮助学生将理论知识与实际问题相结合，培养他们的社会责任感。

第三，现代科技的运用。现代科技如互联网、社交媒体等平台为思想政治教育提供了新的机会。高校可以借助这些平台，开设在线课程、讨论论坛，促进学生之间的互动和知识分享。此外，教育机构还可以使用大数据分析和人工智能来跟踪学生的学习进度和需求，以个性化地调整教育内容。

第四，培养批判性思维和信息素养。思想政治教育的目标之一是培养学生的批判性思维能力，使他们能够独立思考、分辨真伪信息。因此，高校应该重点培养学生的信息素养，教授他们如何有效地搜索和评估信息的可信度，这有助于学生更好地理解政治事件和社会问题。

第五，跨文化教育。面对全球化的挑战，高校思想政治教育也应该注重跨文化教育。学校可以鼓励国际交流和合作，使学生有机会了解不同的文化、价值观和政治体系，这有助于培养学生的国际视野和跨文化沟通能力。

第六，长期追踪和评估。高校应该建立长期的学生追踪和评估机制，以了解思想政治教育方法的有效性，这可以通过定期的学生反馈、毕业生跟踪调查及学术研究来实现。根据这些反馈和数据，高校可以不断改进教育方法，确保其适应不断变化的社会和政治环境。

总之，高校思想政治教育方法的创新需要关注多元化、社会参与、科技运用、批判性思维、跨文化和长期追踪等方面。通过这些创新，高校可以更好地培养具有综合素质和社会责任感的学生，使他们能够在现代社会中积极参与和贡献。

第三章 课程思政教育原理阐述

第一节 课程思政与学生的主体性发展

一、教育学视角下的学生主体性解读

主体是现代认识论的一个基本范畴。主体是指有认识和实践能力的人，主体是专属人的哲学范畴，但主体是人却又不同于人。前者主要从活动方面讲，后者主要从存在方面讲。也就是说，主体体现的是人对世界的一种价值关系和人的活动状态，如若人没有处于积极主动地位时，他便不是主体。因此，此处的主体定义为有意识、有目的、并在一定社会关系中从事实践活动、认识活动的现实人，是能通过自身的自觉能动活动，发挥能动积极作用并取得支配地位的人。

"主体性是个体在认识改造对象世界过程中呈现出的主观自觉、自主独立并富于创造的行为表现，"[①]，是个体在对象性活动中，运用自身本质力量，能动地作用于客体的特性，是人的自觉能动性，因而学生主体性指学生在教育活动中，通过高等教育教化和自觉能动活动，体现出的自主性、主动性（能动性）、创造性等。

自主性表现为具备独立意识，合理规划、执行、审视自己的教育活动，使学生对活动具有支配和控制的权利和能力。

主动性（能动性）表现在为实现自身需要，主动适应、选择和改变教育活动。

创造性指在教育活动中，学生能结合所学知识，对于所学知识有个性化理解，并达到举一反三的能力。

当然，学生的主体性并不是与生俱来的，而是一个逐渐生成和发展的过程。在这个发展过程中，主体性不仅受各种自然规律的制约，更受教育过程和各种教育规律的制约，这

---

① 孟昭苏. 高校学生主体性养成研究 [J]. 安徽冶金科技职业学院学报，2022，32（1）：72-74.

成为大学教育能促进主体性发展的依据。

二、课程思政促进学生主体性发展的必要性

促进主体性培养和发展是教育的目的，但是主体性的发展并不是一蹴而就的，而是一个教化过程。教育的各阶段，承担着不同的教化角色：中小学阶段是学生主体性的萌生期，侧重教化和引导学生；大学是学生主体性发展的重要期，注重教化和引导学生自我教化、成长和发展；在成人阶段，个人主体性发展越趋成熟，能进行自我教育和自我指导。由此可见，新形势下的课程思政要抓好主体性发展的重要期，将推动学生主体性发展作为课程目标，把促进学生全面发展作为课程的本质要求，作为推动个人发展、提高教育质量、适应社会主义市场经济发展的必然推手。

（一）课程思政是迎接新时代的需要

随着我国社会主义市场经济的建立和完善，知识、经济、文化领域的多元化，人们的物质和精神生活都发生了巨大改变。在深入改革开放和实现现代化进程中，需要一批批能引领时代潮流，具备高知识、强能力、强素质，有独立性、自主性、创造性的青年人才。因为他们不再盲从传统的道德价值观和道德规范，而是自主地选择适应时代发展的道德价值和规范。

在互联网蓬勃发展的时代，"地球村"正在形成，多元文化思潮交汇并激烈碰撞。学生是网络使用的主力军，不免受到网络上各种思潮的影响，这需要教育在课堂上除了教授专业知识之外，也要肩负起引领学生思想和价值观的工作。新媒体时代下，信息获取和网络交流更依赖学生的自主性、能动性和创造性。一方面，这要求教育提升学生的平等意识、主体意识、创新意识，促进学生全方面培养和发展；另一方面，如何改变传统教育模式，培养符合时代所需人才也是需要思考的问题。因此，充分重视学生的主体性作用，培养全面发展的人才，成为当代大学亟待解决的教育问题。这需要在课程思政指导下，开展培养学生主体性的教学活动，帮助人们树立正确的价值观和做出正确的行为，激发学生的自主性、能动性和创造性，使他们学会学习、学会发展、学会创造，迎接新时代的挑战。

（二）课程思政有助于优化现行课程

在现行高等教育中，大部分课程仍然是以观念说教、行为约束、思想灌输为特征的单向教育模式。在教育关系上，教师只是负责完成教学任务，没有真正指导和改变学生，而学生只是负责机械性或突发式地完成学业、修满学分，在学习过程中缺乏主动性、创造

性。在教育评价上，教师是评价主体，是决定主体，学生很少参与教育评价。

总体而言，必须对传统教育进行改革，树立新型教育观，以课程思政为切入点，实现全员、全过程、全方位育人，充分调动学生的积极性和能动性，培养学生的主体意识和主体能力，形成主体性道德人格。

（三）课程思政有助于满足学生的不同需求

在人才聚集、知识信息爆炸的时代，学生是时代的弄潮儿。他们正处在人生观、世界观、价值观的形成阶段，表现在对外界拥有好奇心和求知欲，对新生事物存在敏锐的感知力，对内希望自身取得进步，成长成才。

同时，学生的需要多种多样，既有物质需要、精神需要，也有主导性需要、辅助性需要，其中不断成长自我、发展自我成为学生的主导性需要。但从学生的心理发展特点来看，虽然"成人感"已出现，价值观念渐趋稳定，道德水平不断提高，但独立意识仍未成熟。因此，课程思政的基点是要培养学生的主体性，培养学生的独立思维能力，使学生获得全面发展。

三、课程思政促进学生主体性发展的机制

"课程思政建设是指教师在开展课程教学的同时，加强对学生的思想政治教育，以更好地实现教书育人目标的一种教学方式。其中学生是课程思政建设的出发点和落脚点，发挥学生的主体性作用，实现其全面发展，是课程思政建设所追求的育人目标。"[①]

（一）制订主体性发展的课程目标

教育主要有两大方向目的：社会本位论和个人本位论。从社会本位论教育目的来看，培养学生是为了个人更好地社会化，满足社会需求，服务社会。在当今市场经济形势下，社会需要主动性强、创新能力强的人才，课程思政要通过挖掘全部课程价值内涵，充分发挥主体的主观能动性、积极创造性和自主选择性，推动其个人的主体性发展，为社会、国家培养所需人才。

从个人本位论教育来看，个人的全面发展是教育的终极目标。由此可见，高校课程思政目标不仅要强调社会发展的整体需要，还要强调个人的发展诉求。当代学生是完整的、独立的，具有自主意识，处于一直发展中的个体。课程思政的教育者和实施者要牢记立德

---

① 张铨洲. 课程思政建设中发挥学生主体性作用研究［D］. 天津：天津工业大学，2019：1.

树人是立身之本，将培养学生的德育素养视为教育的灵魂和首要任务，学习和掌握德育知识，要使"德"统帅"才"；要意识到学生有追求人生价值、自我表现的内在需要，发展学生的能动性、自主性和创造性，使其成为有较强生存能力、适应能力和发展能力的个人；同时也要意识到学生主体性发展并不是开展外在的、强加和压迫式教育，而是引导学生积极主动学习各类知识，并带领学生积极主动将外在知识内化为自己知识，不断提高和强化学生思想上和政治上素养的水平。

总之，在制定各课程思政目标时，在思想观念上要牢记社会本位论和个人本位论理念，培养和发展满足社会需求和个人诉求的学生。

（二）设置以人为本的主体性课程

第一，价值教育引导是课程思政培养主体性人格的核心内容。培养什么样的人，为谁培养，是大学教育的根本出发点和落脚点。培养德智体美劳全面发展的社会主义建设者和接班人是中国特色社会主义大学教育的本色。因此，课程思政要依据马克思主义的基本观点和方法，培养学生的主体性人格，促进学生全面而自由的发展；要对学生进行理想信念教育，要引导统一个人理想与共同理想；要继承和弘扬民族精神、时代精神和荣辱观，构成一个全面传导价值观念的教育过程。

第二，加强学生心理素质培养是课程思政培养主体性人格的组成部分。在市场经济大潮中，面对激烈的竞争与利益关系，面对人生得失引起的诸多困惑、压力、苦恼、焦虑，部分学生存在如自卑、自傲、胆怯、任性等心理障碍。矫治心理上的疾病，虽然不是由课程思政完全承担，但也是课程思政不可推脱的任务，因为课程思政的目标是实现人的全面发展。因此，在课程实施过程中，教师要学会观察学生的心理状态，识别心理问题学生。在必要的时刻，引导学生进行心理咨询外，应发挥课程思政完善学生主体性人格的基本功能，对学生引导教育、关心爱护，在课堂中多鼓励学生树立自信心、自尊心，多鼓励学生自我教育、自我管理，培养学生的自主性和能动性。

第三，培养学生的主体性意识是课程思政培养主体性人格的重要方面。学生正处于主体发展的重要时期，主体意识的强弱决定着学生的自知、自控和自主水平，决定学生的身心发展水平。在课程思政中，树立学生主体性地位的观念，培养学生的主体性意识，主要培养学生自我意识能力、自我实践能力、自我反省能力、自我监督能力、自我判断能力等等。在其中，较为重要的是学生自我实践能力的培养，主要通过在课程思政中引入活动课程，通过参与活动，在实践中、在行动中实现个人认知、情感和行为上的发展。

第四，融入各类课程的人文情怀是课程思政培养主体性人格的表现方式。在课程思政的实施过程中，精心梳理教材内容，提炼出各专业、各教材和各章节所涉及的思维、技术、人性、社会等多方面的独特育人价值，例如发展历史、杰出人物、人类价值、社会贡献等等。传授课程的各方面内涵，既让学生明白专业课程的价值取向，也能去思考自己的世界观、人生观、价值观。

（三）采取主体性教育教学模式

教育模式指在一定教学思想或教学理论指导下建立起来的较为稳定的教学活动框架和活动程序。新形势下的课程思政需采取人本主义教学模式或建构主义教学模式。人本主义教学模式强调个体在教学中的主观能动性，坚持个别化教学；建构主义教学模式强调个体以自己方式通过别人的帮助，建构对事物的理解。

在上述两类教学模式的指导下，课程思政须做到以下五点：

第一，建立主体性课程思政教育。课程思政要成为开展自我教育和自我发展的课程，在教育者的帮助下，学生根据自觉性充分发挥主体的能动性，通过侧面暗示、榜样影响等方法进行自我教育和自我提高。

第二，建立互动型课堂，即强调学生的主体参与，重视师生之间的交往互动在课堂上，教师要善于激发学生的学习兴趣和积极性，与学生共同探讨、共同协商、相互学习。

第三，重视课程知识的建构。知识的获得是一个主动的过程，学习者不应是信息的被动接受者，而应该是获取过程的主动参与者，课程思政过程应采取情景法、探究发现法、问题式学习、小组研究、合作学习启发式、讨论式、参与式教学、创新性研讨、实践学习成果汇报等多种形式，激发大家的积极主动性，实现多元化师生互动。

第四，运用网络平台。现今世界，手机成为课程的必需品，要利用网络来吸引学生，让学生主动学习。例如，课程思政与朋友圈、微信公众号、班级群等相结合，开展形式多样、风采各异的课程思政第二课堂。

第五，解答疑难困惑。学生主体性的发挥，还体现在学生的质疑问难，在教学过程中，引导学生主动对问题进行深层次多角度思考，发展学生主体性意识。

通过主体性教学模式，课程思政将充分发挥学生的主体性，让他们变成能动、自主、自觉、自控的社会主体，建立主体性的思想政治教育和道德教育。

（四）形成发展性教学评价体系

发展性评价体系指评价不再仅仅是甄别和选拔学生，而是促进学生的发展，促进学生潜能、个性、创造性的发挥，核心是重视过程、关注个体差异，强调评价主体多元化。因此，新形势下的课程思政需要改变过去单一、重视教学结果的评价体系，调整和完善课程评价体系，形成发展性评价体系。

过去的课程评价只注重结果，却忽视发展功能的发展性评价，这不能准确反映学生的实际情况，也忽略了学生是处于发展过程中的现状。课程思政要实现评价主体从单一向多元的转变。过去单一的评价主体带有主观性和随意性，这不能成为准确的评价结果。因此，课程思政下的评价要依靠任课教师、学生本人、班级评定小组共同合作。其中自我评价是发挥和发展主体性的重要推手。通过自我评价，唤醒学生的参与意识，认识自身不足，主动寻求进步，实现个人体性发展。

第二节 课程思政教育的目标与规律

一、课程思政教育的目标

课程思政的教育理念是一种体现连续性、系统性的课程观，它不拘泥于各科专业知识的学习，而是通过将思政教育的目标融汇于各科的教学当中，使得各门课程都能参与到学校育人的过程当中，形成一个完整的课程育人体系。课程思政的育人目标最终是要培养德智体美劳全面发展的社会主义接班人，努力为党和国家培养更多担当民族复兴大任的时代新人，以课程思政的全面质量提升带动"三全育人"工作，以育人质量的全面提升带动学校"双一流"建设。

（一）引导学生树立坚定的理想信念

思政理论课的教育教学内容设计要重在阐释共产主义远大理想和中国特色社会主义共同理想的丰富内涵、实现路径与发展要求，结合国际共产主义发展史和中国共产党党史、中华人民共和国国史，在学理上引导学生深刻认识树立远大理想、坚定理想信念的必要性与重要性，增强树立远大理想信念的自觉性。

综合素养课的教育教学内容设计要注重从历史、文化、社会、生态等不同视角比较分析社会主义制度和共产主义理想的优越性与先进性，让学生在人文关怀与生活感悟中体会理想信念的特殊作用，增强学生树立远大理想信念的自信心。

专业教育课的教育教学内容设计要结合学科、专业和课程的特色，从专业的沿革、现状与前沿的讲解中，激发学生的责任感、使命感与荣誉感，引导学生不断提升专业素养，抓住国家快速发展的战略机遇期，积极寻找实现个人价值与才华抱负的成长舞台和发展机遇，提升学生树立远大理想信念的可行性。

思政理论课、综合素养课、专业教育课同向发力，协同育人，不断增强学生的中国特色社会主义道路自信、理论自信、制度自信、文化自信，勇担民族复兴的时代重任。

（二）引导学生加强思想品德修养

立德树人是中国教育的根本使命，培养品德修养高尚的人才是学校教育教学的中心任务。各门课程教育教学的任务之一，就是要积极引导学生理解加强品德修养的必要性，踏踏实实修好品德，成为有大爱、大德、大情怀的人。

思政理论课的教育教学内容设计要重在阐释品德修养的内涵，理解加强品德修养的重要意义，把真善美作为终身的品德追求；结合不同时代的要求，教育学生把握当代品德修养的核心内容，特别是把社会主义核心价值观作为当前学生品德修养最重要的任务目标，围绕国家、社会、个人三个层面进行解读和分析，引导学生积极培育、大力践行。

综合素养课的教育教学内容设计要从国家道德、社会公德、职业道德、个人道德等视角对社会主义核心价值观进行细化细分，寻找社会主义核心价值观的历史溯源，分析其在伦理、法治、文化等不同领域的表现形态，引导学生科学辨识"社会主义核心价值观"与"西方价值观"的异同，对社会主义核心价值体系形成更为全面的了解。

专业课的教育教学内容设计要不拘一格、不搞一刀切，要围绕专业特性，挖掘专业课与社会主义核心价值观的结合点，在培养方案中对"德、能"等方面做出明确的规定，形成有效的指导方案。比如"大学语文"的教学，可在精读短文中，主动选取分别讲述"勇气、诚信、善良、公平、法治、文明、爱国、敬业"等主题的素材，让学生在掌握专业知识的同时，深刻领会社会主义核心价值观的要旨，不断提升修养。

（三）引导学生增长知识与眼界

21世纪的竞争是人才的竞争，人才竞争力的核心之一就是见识与才智的较量。学校各门课程教育教学的任务之一，就是要教育引导学生珍惜学习时光，心无旁骛求知问学，增长见识，丰富学识，沿着求真理、悟道理、明事理的方向前进。

思政理论课的教育教学内容设计要以让学生形成"四个正确认识"为主要任务，重在教育引导学生正确认识世界和中国发展大势、正确认识中国特色和国际比较、正确认识时代责任和历史使命、正确认识远大抱负和脚踏实地，将中国情怀和时代特征与世界眼光统一起来，客观看待当代中国和外部世界的关系，让学生知晓个人知识见识的增长对国家和社会的重要作用，增强提升知识见识的自觉性与自主性。

综合素养课的教育教学内容设计要以拓展学生见识为主要任务，整合全校教学资源，开设尽可能多、可供自由选择的不同门类综合素养课程，大力拓展学生知识面，主动加强不同学科间的协同与交叉，让理工科学生增加人文社科知识、让人文社科学生接触理工知识，力争实现文理交融、医工交叉；增加实践教学环节，拓宽学生视野，让学生在实践中提升运用知识的能力。

专业教育课的教育教学内容设计要以增长学生知识为主要任务，发挥教学名师的育人效应，鼓励更多的大师走进一线课堂，让学生接触掌握最前沿的专业知识；充分调动教师的教学积极性，培训提升课堂教学水平与效果，激发学生的求知欲，教育学生扎实掌握专业知识，让学生学一门会一门、干一行爱一行。

（四）培养学生奋斗精神

新时代中国特色社会主义的建设最需要的精神之一就是奋斗精神和创新精神。学校各门课程教育教学的任务之一，就是要教育引导学生培育敢于担当、不懈奋斗的精神，塑造勇于奋斗的精神状态，保持乐观向上的人生态度。

思政理论课的教育教学内容设计要重在阐释"奋斗精神"的内涵，让学生深刻理解奋斗精神的实质；重在阐释新时代中国特色社会主义建设的历史任务与实现中华民族伟大复兴的使命担当，分析凝练奋斗精神的时代属性，与理想信念教育有机结起来，激励学生勇担时代责任。

综合素养课的教育教学内容设计要更为注重奋斗情怀教育，可以设立"奋斗精神"专题进行讲解，也可把奋斗精神教育培养与乐观主义、爱国主义等专项教育结合起来，加大对古今中外历史名人的案例教学，让学生在提升综合素养的过程中不断增强勇于奋斗的动力。

专业教育课的教育教学内容设计要把专业知识传授与自强不息精神培养结合起来，重在引导学生不怕苦、不怕难，勇于挑战并攻克科技难题、社科难题，立志成为科研研究的生力军与后备军；要大力挖掘科学大师、理论专家不懈奋斗的成长故事，用榜样人物的成长经历激励学生成长，引导学生努力做到刚健有为、自强不息。

二、课程思政教育的建设规律

课程思政的规律是学校课程思政建设的基本理论。把握规律性是学校课程思政建设的前提。只有把握学校课程思政建设的规律性，才能更好地发挥主观能动性，坚持原则性，把握要点性。

根据辩证唯物主义认识论的观点，概念是对同类事物共同的一般特性和本质属性的表述和反映，而规律就是事物发展过程中本身所固有的、本质的联系。可以看出，事物的概念与其规律是紧密联系在一起的。具体地说，弄清了课程思政的概念，就为理解其规律性打下了基础。

如果缺乏从规律性的角度对课程思政进行定义，那么学校课程思政建设就缺乏依据，缺乏有效展开的理论基础。因为，既然规律是事物的本质的联系，而概念又是对事物本质的把握，因此，学校的课程思政建设必须把两者结合起来考虑，从规律的角度重新定义课程思政的概念，才能真正清楚它的本质的联系。

在学校，除了思政课以外，所有的课程，特别是专业课程和通识课程，都要以立德树人为宗旨，遵循思想政治工作规律、教书育人规律和学生成长规律，通过融入、挖掘、提炼、拓展等多种途径，把思政和德育巧妙地融入课堂教学内容，以达到潜移默化的思政教育效果。

（一）思想政治工作过程的规律

学校的课程思政建设，尤其是课程思政的实施过程，其实质就是思想政治工作过程，因此，必须遵循思政教育过程的规律。思政教育过程的规律是指思政教育过程各要素之间的本质联系及其互动趋势，如存在于教育过程中的教育者和受教育者之间的联系及其相互作用的方向等。现可将学校的课程思政建设遵循思政教育过程的规律进行以下概括：

第一，课程思政教学目标要求与学生思想品德发展之间要保持适度的张力。思政教育过程的规律强调，在思政教育活动中，教育要求与受教育者思想品德之间应保持一种动态的平衡关系，即教育者所提出的教育要求要适当超越受教育者目前的思想品德基础，有提升其思想品德水平的可能，同时这一超越又不能高到受教育者经过努力也难以达到的高度。在学校的课程思政建设中，要求课程思政教学目标要求与学生思想品德发展之间要保持适度的张力，这样才能遵循思政教育过程的规律。

第二，学校的课程思政教师要准确把握国家社会对学生的思想品德所需。思政教育过程的规律强调，在思政教育中，最重要的是帮助受教育者扩大视野，提高其理性思维能力，使其正确对待个人经验，既不固守个人经验，也不排斥个人经验，而是在实践的基础上，吸取思政教育的精神养料，使个人经验与社会要求统一起来，从而获得源源不断的前进动力。在学校的课程思政建设中，要与思政教育过程的规律的这一要求结合起来，始终使国家社会对学生的思想品德所需与课程思政实施的内容相一致。

第三，学校的课程思政要结合思政教育过程的一般环节而展开。思政教育过程的环节是指思政教育过程相互关联的若干阶段，也可看作教育者对受教育者施加教育影响所必须遵循的一般工作程序。思政教育过程的一般环节可分为制订方案、实施、评估三个阶段，学校的课程思政也要按这三个阶段进行，并列出详细计划。例如，在制定课程思政方案时，要遵循思政教育过程的规律，按四项步骤制订方案：①收集课程思政信息，发现问题；②确定课程思政的教育教学目标；③拟定课程思政的教育教学方案；④优选课程思政的教育教学方案。

（二）课程思政教育教学规律

教育教学规律是从经验学习的角度来说明学生的成长规律的。这一规律是基于如下三点来理解教书育人工作的：

第一，知识是思想品德形成的基础。科学知识本身就具有一定的思想品德教育因素，学生思想的提高需要以知识为基础，知识的增加有助于学生的道德认识。

第二，学生的思想品德的提高又为他们积极地学习知识奠定了基础。学生对所学知识的学习目的、学习态度以及积极性等思想品德要素的提高可以促使学生积极主动地学习知识。

第三，反对只重德育或只重知识的单一思想。教师在教学过程中应把知识教学与思想品德教育有机地结合起来，既要注意挖掘教学内容的思想因素，克服只教书不育人的倾向，又要防止教学中进行思想品德教育的形式主义。要寓德育于教学之中，做到教书育人。

第三节　课程思政的育人体系建设

一、基于课程育人的课程思政教学实践

（一）课程思政育人课程设置

为贯彻落实办好中国特色社会主义学校，要把培育和践行社会主义核心价值观融入教书育人全过程的根本要求，着眼德才兼备、全面发展的培养目标，学校院校需要坚持以社会主义核心价值观为核心内容，构建全方位、全过程、全员育人的思政教育体系。课程思

政工作是当前教育事业的一项重大战略部署，需要将这一理念全方位地融入学校思政工作中，为学校开展思政工作提供新的思路、构建新的路线图。

因此，推进课程思政教育教学改革，要从战略高度构建以思政理论课为核心、综合素养课程为支撑、专业课为辐射的"三位一体"的思政教育课程体系，牢牢做好课堂育人主渠道主阵地，将学校党委意识形态责任制落实到一线课堂，教师思政工作从宏观抽象要求转化成具体微观的解决方案，找到实现学校三全育人的关键枢纽和有效抓手。

1. 思政理论课

在学校思政教育课程体系中，思政理论课是核心、是根本、是基石。思政理论课质量提升是核心环节，要注重发挥思政理论课在学生社会主义核心价值观教育中的引领作用，着力增强学校思政理论课的实效性。要认真学习中国特色社会主义思想，以立德树人为中心环节，聚焦思政理论课教学重点、难点问题，推动教材体系向教学体系转化，共建共享思政理论课优质教学资源，加强思政理论课教师队伍建设，不断提升思政理论课教学的亲和力和针对性，切实增强学生在思政理论课上的获得感。

全面开展集体备课，实现在所有课程、全体教师、教育教学全过程的全覆盖，使青年学生坚定理想信念，加强学校思政工作，有利于青年学生从"顶层设计"的高度了解国情、社情、民情。进一步推动领导干部上讲台，使之制度化、常态化，对于加强和改进高校思政工作，做好学生思政教育，汇聚广大师生同心共筑中国梦的强大力量具有重要意义。加强学院建设，为课程思政提供宝贵的资源库，进一步加强学科建设、师资队伍建设、课程建设、教育教学改革，打造一系列示范课程，推出一批公开教学观摩课，有利于青年学生全面正确地理解党的路线、方针、政策，有利于青年学生坚定信仰，增强社会责任感。

2. 专业课

专业课是学校根据培养目标所开设的讲授专业知识和培养专门技能的课程，让学生掌握必要的专业基本理论、专业知识和专业技能，培养分析解决本专业范围内一般实际问题的能力。相比思政理论课，目前专业课教学中对知识传授更为偏重，要想实现课程思政改革的整体目标，就要充分挖掘专业课的育人功能，深度发挥课堂主渠道的育人作用，在知识传授中强调主流价值引领，提炼专业课中蕴含的文化基因和价值范式以及德育元素，在专业技能知识学习中融入理想信念层面的精神指引。

教师要不断探求专业课践行课程思政理念的一般规律，总结专业课融入思政教育元素的方式方法，不断健全课程思政教育体系。专业课践行课程思政理念的关键是实现专业课教学与思政教育目标的精准对接，既不强加思政教育内容，又能将其润物无声地融入专业教学的全过程。其中，找准专业课中的思政教育元素和资源尤为重要。以思政教育元素和资源为切入，围绕课堂教学这一主线，从课程设置、课程参与主体（教师、学生）两方面入手，逐步实现专业课的思政育人功能，从而最终实现思政课、综合素养课与专业课的同向同行、协同育人。概括而言，专业课践行课程思政的机制可以概括为点（专业课中的思政教育元素和资源）、线（课堂教学主线）、面（"三位一体"思政教育课程体系）的有机结合和统一。

（1）挖掘专业课德育的因素点。在专业课教学中践行课程思政的理念，需要在全面关注学生的发展需求基础上，选准思政教育在专业课教学中的最佳结合点，使两者有机融合，并以此为抓手推动专业知识学习与价值培育实践的有效结合。要在思政教育原则指引之下对专业课进行深度开发，充分挖掘和激发其中的思政教育内涵，科学、有序地推动专业课思政教育。因此，在专业课教学中践行课程思政的理念，关键和核心在于找准思政教育的元素和资源，以无缝对接和有机互融的方式建立专业知识与思政教育目标的内在契合关系。

深入思考每一门专业课，都可以凝练出其在情感培育、态度选择、价值观引领等方面的教育要求，而这些要求也就是思政教育与专业课结合的因素点。相对而言，哲学社会科学类的专业课应更多地凸显其在强化社会主义意识形态教育方面的作用，自然科学类的专业课则应更注重对学生科学思维、职业素养的养成教育。具体而言，要根据专业课的教育要求，结合课程自身特点，分别从爱国情怀、社会责任、科学精神、人文精神、品德修养等角度找准思政教育的因素点，设置课程思政教育目标，有机融入社会主义核心价值观、中国优秀传统文化教育以及理想信念教育、爱国主义教育、道德品质教育，特别是对中国特色社会主义的"道路自信、理论自信、制度自信、文化自信"的教育内容。

（2）做好课堂的教学主线。围绕课堂教学这一主线，需要从课程设置、课程参与主体（教师、学生）两方面入手，不断探索课程思政的有效路径和载体。在课程设置上，首先，要明确课程总体思政教育目标，在思政教育目标引领下，结合专业课特点，深入挖掘专业课的思政教育内涵和要素，做好专业课的育人教学设计，从而优化课程设置。课程内容的设置要在立足专业知识的基础上，推动中华优秀传统文化融入教育教学过程，明确课程建设标准，并将思政教育路径固化于教学大纲中。其次，要结合课程内容创新教学方式方法，探索课堂教学、社会实践、网络运用等多维课程组织形式，在授课过程中结合学生特点进行科学引导。

就教师而言，要针对性地提升专业课教师的育德意识和育德能力。一方面要转变专业教师的传统育人观念，提升专业课教师对课程思政的认知，消除思想误区。帮助教师明确思政教育与专业课之间的关系，认识到思政教育不仅不会影响专业课原本的专业知识教学，相反还会提升教学的思想性、人文性，深化教学的内涵。另一方面，高校教师自身的思政教育水平及文化素养也是在专业课教学中践行课程思政的理念能否有效开展的重要因素。专业课中思政教育要素的融入，对于教师的思政素养和知识积淀提出了更高的要求。如何找准专业课的思政教育资源与元素，实现育人目标与专业知识的精准对接，保证专业课知识讲授的同时有效融入思政教育，需要专业课教师不断提升自身的思政素养。另外，实现思政教育与专业课的有机对接，需要教师能够基于思政教育核心原则和内化要求，主动结合专业课的设计与教学活动的实施，深度开发教材，挖掘其中思政教育内涵，在专业课中自然而然地融入内容。

就学生而言，要促使学生在专业学习和社会实践中不断接受思政教育的内容，提高自身思政素养。课程思政的落脚点要放在学生思政素养的发展上，引导学生形成正确的世界观、人生观、价值观。为此，对于学生发展的评价要和对课程思政工作质量的评价结合在一起。但思政素养的提升是一个循序渐进的过程，因此评价应该更注重过程而不应是唯结果论。可以探索建立学生思政素养发展档案，在课程教学过程中记录学生思政素养的变化，课程结束时由教师和学生个人对学生的思政教育目标实现情况进行双向评价。

（3）构建三位一体的课程教育体系。在坚持以立德树人为根本任务的前提下，通过深入挖掘专业课中的思政教育资源与元素，立足学科优势，实现思政教育目标与专业课知识点的精准对接。一方面，要围绕课堂教学这一主线，从课程设置、课程参与主体（教师、学生）两方面入手，不断探究课程思政的有效路径和载体，最终构建起专业课与思政理论课、综合素养课协同的"三位一体"的学校思政教育课程体系。另一方面，要根据课程思政基本要素的内在联系，把目标、主体、内容、路径等要素融合为一个有机体，协同推进思政理论课的显性价值引领和专业课、综合素养课程的隐性价值渗透的有机融合，保证思政理论课的核心地位，同时充分发挥其他课程的育人作用，在实现教育目标的过程中真正做到融会贯通。

（二）课程思政育人教材编写

教材是课程思政的重要内容，是育人育才的重要依托。要集中骨干教师力量，统筹优势资源，推出高水平的教材。要加强教材建设，创新学科体系、学术体系、话语体系，增强学生成长成才的获得感。每一个学科都应当立足育人根本，用生动活泼的方式培养身心健康、态度积极的学生，在传授知识的过程中加强价值引领。通过集体备课，引入吸引学生的案例，融入时事政治中鲜活的育人元素开展课堂教学；要分步推进计划表，明确责任分工，设计好成果目标，借助教学大纲的编写，融合课程思政、工程认证和应用学校专业建设的要求，保持课程与专业建设共进方向。

针对各类课程的特点，研制教学指南与课程教学方案，在教学目标、教学内容、教学策略、教学案例等方面融入思政教育元素，将知识背后的价值、精神、思想挖掘出来，阐述清楚。在专业课中加强思政教育，找好育人的角度，具有较强的说服力和感染力，有助于将课堂主渠道作用发挥到最大化。

二、基于文化育人的课程思政教学实践

（一）协作共创"互联网+文化"精品课程

高校课程建设的大方向是指向带有主流文化特质的专业课程，但也不应该忽略文化与时俱进、灵活多元的特征。通过互联网打通信息壁垒，使"互联网+文化"在高校精品课程的专业教育中，融入思政教育内容，实现二者的协同育人是新时期课程思政理念的重要要求，是强化高校学生思想政治思维的重要途径。

高校启动"互联网+文化"教育创新教育话语互动模式，应合理利用先进的现代媒体技术，借助互联网传播平台构建能跳出传统教育方式局限的共享文化知识平台。"互联网+文化"精品课程建设应从两个方面进行：①专业课程建设，具有主流文化特色的专业课程是高校课程思政建设的主导方向，一些涉及专业技术和能力的学科，很难做到全面普及，但可以考虑在各高校内部建设专业课程共享项目体系，并通过专门的内部网站上传局域网（LAN），既保证涉密内容的安全，又帮助教育对象运用先进技术普及学习技能知识，以高度整合和实时互动的方式共建优质精品课程；②非涉密课程建设。非涉密的普通课程应充分利用互联网平台通过网络资源共享进行信息传播，开启国家（省）精品课程体系、网络图书馆以及科技文献数据库的校际文化知识整合和校园互动。

"互联网+文化"课程通过打破信息不对称，减少中间环节，提升劳动生产率，从而提升资源使用效率。给高校课程思政的内在意涵与逻辑谱系的准确描述搭建现实的框架结构，促使高校有望在现实课程建设领域初步凸显校园文化和优秀传统文化、红色文化与主流文化的优势和魅力，突破文化失落的瓶颈，建设多元文化新格局。

（二）学校教育注重文化自觉的建设

"践行文化自觉需要文化主体具有强烈的文化使命感。"① 文化自觉是通往文化自信的必由之路，文化自觉是文化自信完成内在意涵表达的实践基础，文化自信是文化自觉在逻辑架构上的深化和飞跃，基于二者的辩证统一，必须从思想上反思对高等教育精神理念的追求，从学术上探索文化的觉醒，构建完整的文化自信逻辑谱系，实现二者的相互认同，才能从本质上寻找文化自觉与文化自信的必由之路。符合高校发展理念和旨归的主流文化，应该是和先进主流文化的逻辑目标相一致的，是可以结合中国特色社会主义核心价值观的意蕴指向的文化内涵。

从高等教育精神理念追求的角度来看，校园文化与一般社会文化相较而言具有更鲜明的弘扬主旋律的特点，高校应在社会主义核心价值观的指导下，在校园文化中注重主体精神力量的实现，同时从伦理道德的角度展现主体的人文关怀。高等教育应该通过课程思政下对教育实践的指导培养，完成理论知识内化于心外化于行，提高大学生应对复杂社会思想文化的能力，把握价值观领域的主动权，构建充分体现中国特色、民族特色和时代特色的高校价值体系，培养学生对主流价值观的坚定信念，以占领思想文化领域和意识形态领域的关键阵地。

校园文化建设需要紧密围绕人才培养的方向标，讲学习、讲政治、讲正气，通过对社会主义核心价值观的深化学习和细化推进，实现主流文化与校园文化的内在融合。当前高等教育需要引入标准化管理这一切实可行的载体来完成理念价值在突然领域的外化，而在这一将内生动力通过现实载体外化而至行为习惯养成的操作过程中，行为主体毋庸置疑地在现实中必须选择一条行之有效的兼顾文化自信的必由之路，在高校中构建充分反映中国特色、民族特性、时代特征的逻辑体系，完成文化自信视角中对有特色的校园文化在目标取向、情感定位、逻辑底蕴等多方面的认同与践行。

文化自信是一个国家、一个民族和政党通过文化认知、反思和对比后，对自己国家和民族的理想信念以及优秀文化传统产生一种发自内心的认可，对当代核心价值体系及其生命力产生一种充满信心的尊重和坚守，在与外来文化的比较和选择中保持对本民族文化的高度认可与信赖，在未来文化交融的道路迷途中坚定着自己国家文化发展的科学方向。

---

① 肖兰兰. 从文化自觉到文化自信 [J]. 求实，2013（4）：68.

（三）课程思政视域下传统文化课程的教学实践

1. 树立教育目标，彰显思政价值引导

教育目标是教育活动的理想化标准与结果，因此在传统文化课程教育中开展课程思政活动应以 OBE 教育观念为基准进行教育目标设置。OBE 教育观念强调学生核心地位，注重产出导向，不断优化教育效果和学习体验，与课程思政的理念高度契合。结合课程思政的育人目标和 OBE 教育观念，我们要确立传统文化课教育目标，彰显课程思政的育人功能，加强课程思政的育人成效。通过教育，培养学生对祖国的认同，让他们产生强烈的中国心与中国情，把核心价值观视作自身精神追求，将爱国之情与强国之志融入到发展国家社会主义事业以及现代化强国建设中。

在传统文化教育中，教师过于关注知识与能力的教育目标，忽视了德育和价值引导。然而，基于课程思政的教育目标确立，要以原有知识与能力目标为基准，以核心价值体系为主体，渗透价值观教育目标，实现知识讲解、能力培养及价值引领三个维度的高度融合。在每个章节的教学中，教师应提炼与知识相匹配的价值目标，使课程思政的根本目的得以贯彻。

以中国传统饮食文化为例，教师应引导学生了解古代中国人的饮食习俗和文化特征，认识各大菜系与本地文化的内在联系，引导学生明确价值目标。通过学习传统饮食文化，学生要树立粮食安全意识，养成反对浪费和勤俭节约的优良风气，尊重各地区饮食习惯，促进健康饮食习惯的养成。培养学生的粮食安全理念和意识需要让他们充分了解中国国情，认识到粮食安全是国家安全和发展的根本，新时代的大学生更应居安思危，始终保持勤俭节约的意识。通过这样的教育，学生将更加珍惜粮食资源，为国家的繁荣稳定做出贡献。

2. 优化课程内容，突出课程思政价值

传统文化课程在高等院校被设立的根本目的是培养学生的道德修养和文化素养。优化课程教育内容的关键在于发现传统文化课程所蕴含的思政教育基因，并明确如何将思政教育与传统文化课程结合起来。教师在这方面扮演着重要的角色，不仅是学生知识与意义建构的推动者和帮助者，还是课程教学设计者、学生服务者和学习引导者，他们的责任是为学生提供优质的课程学习资源和教育环境。

在课程思政的视角下，教师应以现行教材体系为基准，通过查阅相关文献资料和了解学生的学习情况，将传统文化课程知识进行凝练，分为中国文化概述、古代哲学、文字书

法、诗词歌赋、传统饮食、传统民俗、传统服饰、传统建筑等专题章节，并用通俗易懂的语言结合多媒体等教学工具进行讲述。在传授传统文化知识的过程中，教师要通过合理的教学设计来激发、培养学生的爱国主义情怀、人文素质和思想品德。同时，教师还应以传统文化课程的属性和学生多样化的需求为基础，灵活运用网络资源，丰富学生的学习内容，拓宽学生的视野，有效提高学习效率和学习兴趣。

为了让学生更深入地参与传统文化课堂教学，调动他们的主观能动性，教师应基于现实问题，采用主题探讨和课题研究等方式，全面培养学生的思想道德、文化自信和爱国精神。在既定的教育目标导向下，明确传统文化课所蕴含的课程思政教育基因和两者融合的关键点。例如，教师可以基于儒家的"以和为贵"思想，引导学生深入挖掘"和"字的内涵：邻里关系要和睦，人与自然要和谐相处，共创和谐社会，国家之间要和平共处，"和"与人们的生活密不可分。通过这样的探讨和挖掘，课程思政与中国传统文化可以有机地融合，学生会真正体会到中国传统文化在新时代仍然发出光芒。与此同时，传授专业知识和塑造爱国情怀在潜移默化中相互融合并得到升华。

第四章　计算机专业课程建设与保障

第一节　计算机课程教学资源建设

在现代社会发展中，互联网不断普及，计算机的应用范围也越来越广，为信息技术的建设和发展开辟了新的途径。在现代教育中，计算机课程教学起到了很重要的作用。一方面，社会和企业对信息化人才非常重视，另一方面，很多学校计算机专业的毕业生毕业后找不到适合自己的工作。为了解决这一问题，人们一定要从根本上认识教学资源建设所存在的问题，只有不断完善现有的教学体系，才能够更好地提高教学质量。

一、教材资源建设

教材是体现教学内容和教学方法的载体，传统教材教学资源配置单一，无法满足教学和学习需要。虽然计算机类教材在资源配置上相对丰富，但是十分吻合自己教学要求的不多。所以在计算机课程教学改革的过程中，除了关注教材本身自带的资源外，还要根据自己学生的特点，加强自身教学资源的建设。

第一，以"学以致用"为导向的大学计算机教学资源建设。在实际的计算机教学中，教师应该学会因材施教，根据学生的实际情况来对其进行教学，不要一味地运用传统式的方法来引导学生学习，这样将会影响学生的能力兴趣，必要的时候，教师应该将互联网与理论知识紧密地结合到一起，这样才会让学生感受到更多的乐趣。

第二，以"应用"为基础的程序设计语言教学资源建设。从目前的情况来看，C语言程序设计教材的编写很多都是以C语言语法知识点为中心来开展的。不仅如此，一些程序案例也是按照这种逻辑行为来开展的。所以灵活地运用C语言是十分重要的。在计算机课程教学的发展中，教师应该将C语言的重要性向学生告知，并且适当地组织编写一些教材，让计算机课程教学变得更加丰富多彩。

第三，面向不同专业类建设计算机课程资源体系建设。对计算机公共课程资源的建设，理科类专业与文科类专业在某些方面会有一定的差异性，例如理科类专业学生逻辑思维性相对较强，文科类专业学生的记忆力和分析能力较强。所以在引导学生学习的时候，有关教师应该注重将网络与实际的知识进行结合，以计算机应用为主要的知识口径，尽量降低计算机技术的学习难度。计算机课程的资源体系具有丰富性和多元化的发展特点，所以必要的时候应该将理论与网络相融合，这样才会更好地提升学生的学习积极性。

第四，建设配套的实践教学资源。计算机课程教学是现代化课程教学的重要环节，只有提高学生的实践能力、创新能力才会有十分重要的作用。运用通俗易懂的语言和丰富的例题能够帮助学生更好地理解一些复杂的概念，注重将工程应用引入程序设计的课堂，并且建设配套的实践教学资源是计算机课程教学的关键。

二、网络教学资源建设

网络教学是 21 世纪中最重要的教学形式之一，家庭和学校都广泛使用。在学校，我们使用网络教学已经很常见，但是从目前的情况来看，网络教学资源还不能满足学生的学习需求，尤其是一些优质的教学资源更为匮乏。因此，网络教学资源的建设成为一种必要。

第一，教学资源库建设。教学资源库实际上就是一种管理教学内容的软件，其主要目的就是将教学资源更为合理化地划分，将其科学地进行组织和存储，这样可以更方便学生学习。现今很多学校已经建立了"教学资源库平台"，平台的建立可以更好地推动计算机课程教学的发展，让教学团队和教材服务平台实现全面的融合，有利于教学。

第二，利用网络资源设计教学过程。网络环境下的教学设计主要就是通过任务驱动来明确教学目标，教师在多媒体教室中能够将传统的教学模式与现代教学模式完美地融合到一起，不仅如此，教师还可以尽可能多地收集和熟悉网络资源，这对提升网络实验室的使用效率有很大帮助，也有利于提高学生的学习效率。充分合理利用教学资源来对现有的教学体系进行建设是至关重要的。

三、立体化教学资源建设

在信息化技术快速发展的 21 世纪中，教学资源逐步从传统纸质资源演变为现代的信息化立体资源。计算机类课程在教学资源建设和运用方面，始终走在其他学科前面，很多教师都热衷于制作丰富的教学资源，包括微课、慕课、PPT 及各种教学素材等，并把这些立体化的教学资源运用到教学的过程中，让学生在实际的学习中更好地利用现有教学资源。

教学资源的立体化呈现并不是指简单地将各种各样的媒体素材堆砌起来，而是针对教与学这一系统过程所提出的一整套解决方案，为教与学的实现提供多种的途径和方法。大学的计算机课程的综合性、实践性、时代性、创造性和工具性都较强，所以其具体的立体化呈现方式必须是在此基础上建立起来的。

各种各样的教学资源通过立体化的呈现方式被整合成为有机整体，各类纸质教材、学习辅助光盘、实验平台以及网络学习平台才能得到有效利用。在这一完整的系统之中发挥各自的长处，才能使其相应的功能得到最大限度地发挥，为实现大学基础课程的多元化教与学提供了较为有力的保障和支撑。

第二节 计算机专业课程的改革与建设

一、人才培养模式与培养方案改革

随着我国市场经济的不断完善和科技文化的快速发展，社会各行各业需要大批不同规格和层次的人才。高等教育教学改革的根本目的是提高人才培养的质量，提高人才培养质量的核心就是在遵循教育规律的前提下，改革人才培养模式，使人才培养方案和培养途径更好地与人才培养目标及培养规格相协调，更好地适应社会的需要。

所谓人才培养模式，就是造就人才的组织结构样式和特殊的运行方式。人才培养模式包括人才培养目标、教学制度、课程结构和课程内容、教学方法和教学组织形式、校园文化等诸多要素。人才培养没有统一的模式。就大学组织来说，不同的大学，其人才培养模式具有不同的特点和运行方式。市场经济的发展要求高等教育能培养更多的应用型人才。所谓应用型人才是指能将专业知识和技能应用于所从事的专业社会实践的一种专门的人才类型，是熟练掌握社会生产或社会活动一线的基础知识和基本技能，主要从事一线生产的技术或专业人才。

应用型人才培养模式的具体内涵是随着高等教育的发展而不断发展的，应用型人才培养模式是以能力为中心，以培养技术应用型专门人才为目标的。应用型人才培养模式是根据社会、经济和科技发展的需要，在一定的教育思想指导下，人才培养目标、制度、过程等要素特定的多样化组合方式。

从教育理念上讲，应用型人才培养应强调以知识为基础，以能力为重点，知识能力素质协调发展。具体培养目标应强调学生综合素质和专业核心能力的培养。在专业方向、课程设置、教学内容、教学方法等方面都应以知识的应用为重点，具体体现在人才培养方案的制定上。

人才培养方案是高等学校人才培养规格的总体设计，是开展教育教学活动的重要依据。随着社会对人才需要的多元化，高等学校培养何种类型与规格的学生，他们应该具备什么样的素质和能力，主要依赖于所制定的培养方案，并通过教师与学生的共同实践来完成。随着高等教育教学改革的不断深入，人才培养的方法、途径、过程都在悄然变化，各校结合市场需要规格的变化，都在不断调整培养目标和培养方案。

传统的、单一的计算机科学与技术专业厚基础、宽口径教学模式，实际上只适合于精英式教育，与现代多规格人才需求是不相适应的。随着信息化社会的发展，市场对计算机专业毕业生的能力素质需求是具体的、综合的、全面的，用人单位更需要的是与人交流沟通能力（做人）、实践动手能力（做事）、创新思维及再学习能力（做学问）。同时，以创新为生命的 IT 业，可能比所有其他行业对员工的要求更需要创新、更需要会学习。IT 技术的迅猛发展，只有与时俱进，随时更新自己的知识，才能有竞争力，才能有发展前途。

计算机专业人才培养定位于在生产一线从事计算机应用系统的设计、开发、检测、技术指导、经营管理的工程技术型和工程管理型人才。这就需要学生具备基本的专业知识，能解决专业一般问题的技术能力，具有沟通协作和创新意识的素养。

为适应市场需求，达到培养目标，应以更新教学理念为先导，以培养学生获取知识、解决问题的能力为核心，以优化教学内容、整合课程体系为关键，以课程教学组织方式改革为手段，以多元化、增量式学习评价为保障，以学生知识、能力、素质和谐发展，成为社会需要的合格人才为目的。

（一）科学构建专业课程体系

科学构建计算机专业课程体系，应从社会对计算机专业人才规格的需求入手，重新进行专业定位、划分模块、课程设置；从全局出发，采取自顶向下、逐层依托的原则，设置选修课程、模块课程体系、专业基础课程，确保课程结构的合理支撑；整合课程数，或去冗补缺，或合并取精，优化教学内容，保证内容的先进性与实用性；合理安排课时与学分，充分体现课内与课外、理论与实践、学期与假期、校内与校外学习的有机融合，使学生获得自主学习、创新思维、个性素质等协调发展的机会。

第一，设置与人才规格需求相适应的、较宽泛的选修课程平台，提供与市场接轨的训练平台，为学生具备多种工作岗位的素质要求打下基础。

第二，设置人才需求相对集中的专业方向，例如：①软件开发技术（C/C++方向）；

②软件开发技术（JAVA方向）；③嵌入式方向；④软件测试方向；⑤数字媒体方向。

第三，更新专业基础课程平台。去粗取精，适当减少线性代数、概率与数理统计等数学课程的学分，要求教学内容与专业后续所需相符合；精简公共专业基础课程平台，将部分与方向结合紧密的基础课程放入专业方向课程之中，如电子技术基础放入嵌入式技术模块；增加程序设计能力培养的课程群学分，如程序设计基础、数据结构、面向对象程序设计等。从学分与学时上减少课堂教学时间，增大课外自主探索与学习时间，以便更好地促进学生自主学习、合作讨论和创新锻炼。

（二）优化实践课程体系，培养学生专业核心能力

根据当地发展对计算机专业学生能力的需求来设计实践类课程。为了更好地培养学生专业基本技能、专业实用能力及综合应用素质，在原有的实践课程体系基础上，除了加大独立实训和课程设计外，还要增加上机或实验比例，而且在实践环节中强调以综合性、设计性、工程性、复合性的"项目化"训练为主体内容。

（三）重新规划素质拓展课程

素质拓展体系是实践课程体系的课外扩充，目的是培养学生参与意识、创新能力、竞争水平。在原有的社会实践、就业指导基础上，结合专业特点，设计依托学科竞赛和专业水平证书认证的各种兴趣小组和训练班，如全国软件设计大赛训练班、动漫设计兴趣小组、多媒体设计兴趣班、软件项目研发训练梯队等，为学生能够参与各种学科竞赛、获取专业水平认证、软件项目开发等提供平台，为学生专业技术水平拓展、团队合作能力训练、创新素质培养提供机会。

（四）加强培养方案的实施保障

人才培养方案制定后，如何实施是关键。为了保证培养方案的有效实施，要加强以下方面的保障：

第一，注重课程及课程群建设的研究。课程建设是教学计划实施的基本单元，主要包括课程内容研究、实验实践项目探讨、课程网站及资源库建设、教材建设等。对计算机导论、程序设计基础、数据结构、数据库技术、软件工程等基础课程实施研究，以课程或课程群为单位，积极开展研究研讨活动，形成有实效、能实用的教学内容、实验和实践项目，建设配套资源库和课程网站，建设多种版本的教材。

第二，改革教学组织形式与教学方法。传统的以课堂为教学阵地，以教师为教学主体

的教学组织形式，不适合于信息时代的教育规律。课堂时间是短暂的，教师个人的知识是有限的，要想掌握蕴涵大量学科知识的信息技术，只有学习者积极参与学习过程，养成自主获取知识的良好习惯，通过小组合作讨论发现问题、解决问题、提高能力，即合作性学习模式。在计算机导论、软件工程等所有专业基础课、核心课中实施合作式的教学组织形式，师生转变教学理念，积极参与教学过程，多方互动，教学相长。

第三，加强实践教学，进一步深化"项目化"工程训练。除了必备的基本理论课以外，所有专业课程都有配套实验，而且每门实验必须有综合性实验内容。结合课程实验、课程设计、综合实训、毕业实习、毕业设计等，形成基于能力培养的有效的实践课程体系。依托当地教育教学改革项目的建设，实践课程实施"项目化"管理，引入实际工程项目为内容，严格按照项目流程运作和管理，学生不仅将自己的专业知识应用到实际，得到了"真实"岗位角色的训练，团队合作、与用户沟通的真实体验。

第四，构建多元化评价机制。基于合作性学习模式的评价机制，是多元评价主体之间积极的相互依赖、面对面的促进性互动、个体责任、小组技能的有机结合。具体体现在学生自我评价、小组内部评价、教师团队评价、项目用户评价等，注重参与性、过程性，具有增量式、成长性，是因材施教、素质教育的保障。

二、课程体系设置与改革

（一）课程体系的设置

课程体系设置得科学与否，决定着人才培养目标能否实现。如何根据经济社会发展和人才市场对各专业人才的真实要求，科学合理地调整各专业的课程设置和教学内容，建构一个新型的课程体系，一直是教育者努力探索、积极实践的核心。

计算机专业的课程设置需体现能力本位的思想，体现以职业素质为核心的全面素质教育培养，并贯穿于教育教学的全过程。教学体系应充分反映职业岗位资格要求，以应用为主旨和特征构建教学内容和课程体系；基础理论教学以应用为目的，以"必须、够用"为度，加大实践教学的力度，使全部专业课程的实验课时数达到该课程总时数的30%以上；专业课程教学加强针对性和实用性，教学内容组织与安排融知识传授、能力培养、素质教育于一体，针对专业培养目标，进行必要的课程整合。

第一，按照初级课程、中级课程和高级课程部署核心课程。①初级课程解决系统平台认知、程序设计、问题求解、软件工程基础方法、职业社会、交流组织等教学要求，由计算机学科导论、高级语言程序设计、面向对象程序设计、软件工程导论、离散数学、数据结构与算法等课程组成。②中级课程解决计算机系统问题，由计算机组成原理与系统结构、操作系统、计算机网络、数据库系统等课程组成。③高级课程解决软件工程的高级应用问题，由软件改造、软件系统设计与体系结构、软件需求工程、软件测试与质量、软件过程与管理、人机交互的软件工程方法、统计与经验方法等内容组成。

第二，覆盖全软件工程生命周期。①在初级课程阶段，把软件工程基础方法与程序设计相结合，体现软件工程思想指导下的个体和小组级软件设计与实施。②在高级课程阶段，覆盖软件需求、分析与建模、设计、测试、质量、过程、管理等各个阶段，并将其与人机交互的领域相结合。

第三，以软件工程基本方法为主线改造计算机科学传统课程。①把从数字电路、计算机组成、汇编语言、I/O例程、编译、顺序程序设计在内的基本知识重新组合，以C/C++语言为载体，以软件工程思想为指导，设置专业基础课程。②把面向对象方法与程序设计、软件工程基础知识、职业与社会、团队工作、实践等知识融合，统一设计软件工程及其实践类的课程体系。

第四，改造计算机科学传统课程以适应软件工程专业教学需要。除离散数学、数据结构与算法、数据库系统等少量课程之外，应进行如下改革：①更新传统课程的教学内容，具体来说：精简操作系统、计算机网络等课程原有教学内容，补充系统、平台和工具；以软件工程方法为主线改造人机交互课程；强调统计知识改造概率统计为统计与经验方法。②在核心课程中停止部分传统课程，具体来说：消减硬件教学，基本认知归入"计算机学科导论"和"计算机组成原理与系统结构"（对于嵌入式等方向针对课程群予以补充强化）；停止"编译原理"，基本认知归入计算机语言与程序设计，基本方法归入软件构造；停止"计算机图形学"（放入选修课）；停止传统核心课程中的课程设计，与软件工程结合归入项目实训环节。

第五，进行课程融合。把职业与社会、团队工作、工程经济学等软技能知识教学与其他知识教育相融合，归入软件工程、软件需求工程、软件过程与管理、项目实训等核心课程。

第六，强调基础理论知识教学与企业需求的辩证统一。基础理论知识教学是学生可持续发展的自学习能力的基本保障，是软件产业知识快速更新的现实要求，对业界工作环境、方法与工具的认知是学生快速融入企业的需要。因此，课程体系、核心课程和具体课程设计均须体现两者融合的特征，在强化基础的同时，有效融入企业界主流技术、方法和工具。

在现有的基础上，进一步完善知识、能力和综合素质并重的应用型人才的培养方案，引进、吸收国外先进教学体系，适应国际化软件人才培养的需要。创新课程体系，加强教学资源建设，从软硬两方面改善教学条件，将企业项目引进教学课程。

（二）课程体系的模块化

在计算机专业的课程体系建设中，结合就业需求和计算机专业教育的特点，打破传统的"三段式"教学模式，建立由基本素质教育模块、专业基础模块和专业方向模块组成的模块化课程体系。

1. 基本素质模块

基本素质模块涵盖了知法守法用法能力、语言文字能力、数字工具使用能力、信息收集处理能力、思维能力、合作能力、组织能力、创新能力以及身体素质、心理素质等诸多方面的教育，教学目标是重点培养学生的人文基础素质、自学能力和创新创业能力，主要任务是教育学生学会做人。基本素质模块应包含数学模块、人文模块、公共选修模块、语言模块、综合素质模块等。

2. 专业基础模块

专业基础模块主要是培养学生从事某一类行业（岗位群）的公共基础素质和能力，为学生的未来就业和终身学习打下牢固的基础，提高学生的社会适应能力和职业迁移能力。专业基础模块课程主要包含专业理论模块、专业基本技能模块和专业选修模块。具体来讲，专业理论模块包含：计算机基础、程序设计语言、数据结构与算法、操作系统、软件工程和数据库技术基础等课程；专业基本技能模块包括网络程序设计、软件测试技术Java程序设计、人机交互技术、软件文档写作等课程。

专业基础模块课程的教学可以实行学历教育与专业技术认证教育的结合，实现双证互通。如结合全国计算机等级考试、各专业行业认证等，使学生掌握从事计算机各行业工作所具备的最基本的硬件、软件知识，而且能使学生具备专业最基本的技能。

3. 专业方向模块

专业方向模块主要是培养学生从事某一项具体的项目工作，以培养学生直接上岗能力为出发点，实现本科教育培养应用性、技能型人才的目标。如果说专业基础模块注重的是从业未来及其变化因素，强调的是专业宽口径，就业定向模块则注重就业岗位的现实要求，强调的是学生的实践能力。掌握一门乃至多门专业技能是提高学生就业能力的需要。

专业方向模块课程主要包括专业核心课程模块、项目实践模块、毕业实习等，每个专业的核心专业课程一般为5~6门组成，充分体现精而专、面向就业岗位的特点。

（三）课程建设要点

课程教学作为主渠道，对培养目标的实现起着决定性的作用。课程建设是一项系统工程，涉及教师、学生、教材、教学技术手段、教育思想和教学管理制度。课程建设规划反映了各校提高教育教学质量的战略和学科、专业特点。

计算机专业的学生就业困难，不是难在数量多，而是困在质量不高，与社会需求脱节。通过课程建设与改革，要解决课程的趋同性、盲目性、孤立性以及不完整、不合理交叉等问题，改变过分追求知识的全面性而忽略人才培养的适应性的倾向。课程建设策略主要包括以下方面：

第一，夯实专业基础。针对计算机专业所需的基础理论和基本工程应用能力，构建统一的公共基础课程和专业基础课程，作为各专业方向学生必须具有的基本知识结构，为专业方向课程模块提供有效支撑，为学生后续学习各专业方向打下坚实的基础。

第二，明确方向内涵。将各专业方向的专业课程按一定的内在关联性组成多个课程模块，通过课程模块的选择、组合，构建出同一专业方向的不同应用侧重，使培养的人才紧贴社会需求，较好地解决本专业技术发展的快速性与人才培养的滞后性之间的矛盾。

第三，强化实际应用。为加强学生专业知识的综合运用能力和动手能力，减少验证性实验，增加设计性实验，专业限选课都设有综合性、设计性实验，还增设"高级语言程序设计实训""数据结构和算法实训""面向对象程序设计实训""数据库技术实训"等实践性课程。根据行业发展的情况、用人单位的意向及学生就业的实际需求，拟定具有实际应用背景的毕业设计课题。

作为计算机专业人才培养体系的重要组成部分，课程建设规划制订时要注意：①建立合理的知识结构，着眼于课程的整体优化，反映应用型的教学特色；②在构建课程体系、组织教学内容，实施创新与实践教学、改革教学方法与手段等方面进行系统配套的改革；③安排教学内容时，将要授课、讨论、作业、实验、实践、考核、教材等教学环节作为一个整体统筹考虑，充分利用现代化教育技术手段和教学方式，形成立体化的教学内容体系；④重视立体化教材的建设，将基础课程教材、教学参考书、学习指导书、实验课教材、实践课教材、专业课程教材配套建设，加强计算机辅助教学软件、多媒体软件、电子教案、教学资源库的配套建设；⑤充分利用校园资源环境，进行网络课程系统建设，使专业教学资源得到进一步优化和组合；⑥重视对国外著名高校教学内容和课程体系改革的研究，继续做好国外优秀教材的引进、消化、吸收工作。

三、实践教学体系建设

实践是创新的基础，实践教学是教学过程中的重要环节，而实验室则是学生实践教学环节的主要场所。构建科学合理培养方案的一个重要任务是要为学生构筑一个合理的实践教学体系，并从整体上策划每个实践教学环节。应尽可能为学生提供综合性、设计性、创造性比较强的实践环境，使每个大学生在3年中能经过多个实践环节的培养和训练，这不仅能培养学生扎实的基本技能与实践能力，而且对提高学生的综合素质大有好处。

实验室的实践教学，只能满足课本内容的实习需要，但要培养学生的综合实践能力和适应社会市场需求的动手能力，必须让学生走向社会，到实际工作中去锻炼、去提高、去思索，这是学生必修的一课。

（一）实践教学的指导与规划

1. 一个教学理念

确立工程能力培养与基础理论教学并重的教学理念，把工程化教学和职业素质培养作为人才培养的核心任务之一，通过全面改革人才培养模式、调整课程体系、充实教学内容、改进教学方法，建立软件工程专业的工程化实践教学体系。

2. 两个培养阶段

把人才培养阶段划分为工程化教学阶段和企业实训阶段。在工程教学阶段，一方面对传统课程的教学内容进行工程化改造，另一方面根据合格软件人才所应具备的工程能力和职业素质专门设计阶梯状的工程实践学分课程，从而实现课程体系的工程化改造。在实习阶段，要求学生参加半年全时制企业实习，在真实环境下进一步培养学生的工程能力和职业素质。

3. 三项创新应用

（1）运用创新的教学方法。采用双语教学、实践教学和现代教育技术，重视工程能力、写作能力、交流能力、团队能力等综合素质的培养。

（2）建立新的评价体系。将工程能力和职业素质引入人才素质评价体系，将企业反馈和实习生/毕业生反映引入教学评估体系，以此指导教学。

（3）以工程化理念指导教学环境建设。通过建设与业界同步的工程化教育综合实验环境及设立实习基地，为工程实践教学提供强有力的基础设施支持。

（4）针对合格的工程化软件设计人才所应具备的个人开发能力、团队开发能力、系统研发能力和设备应用能力，设计 4 个阶段性的工程实训环节：①程序设计实训：培养个人级工程项目开发能力。②软件工程实训：培养团队合作级工程项目研发能力。③信息系统实训：培养系统级工程项目研发能力。④网络平台实训：培养开发软件所必备的网络应用能力。

（5）提出五个专业实践方向。①软件开发技术（C/C++方向）；②软件开发技术（JAVA 方向）；③嵌入式方向；④软件测试方向；⑤数字媒体方向。

（6）八条具体措施。

第一，聘请软件企业的资深工程师，开设软件项目实训系列课程。例如，将若干学生组织成一个项目开发团队，学生分别担任团队成员的各种职务，在资深工程师的指导下，完成项目的开发，使学生真实地体会到软件开发的全过程。在这个过程中，多层次、多方向地集中、强化训练，注重培养学生实际应用能力。另外，引入暑期学校模式，强调工程实践，采用小班模式进行教学安排。

第二，创建校内外软件人才实训基地。学院积极引进软件企业提供实训教师和真实的工程实践案例，学校负责基地的组织、协调与管理的创新合作模式，强化学生工程实践能力的培养。安排学生到校外软件公司实习实训，在实践中学习和提高能力，同时通过实训能快速积累经验，适应企业的需要。

第三，要求每个学生在实训基地集中实训半年以上。在颇具项目开发经验的工程师的指导下，通过最新软件开发工具和开发平台的训练以及实际的大型应用项目的设计，提高学生的程序设计和软件开发能力。另外，实训基地则对学生按照企业对员工的管理方式进行管理（如上下班打卡、佩戴员工工作牌、团队合作等），使学生提前感受到企业对员工的要求，在未来择业、就业以及工作中能够比较迅速地适应企业的文化和规则。

第四，引进战略合作机构，把学生的能力培养和就业、学校的资源整合、实训机构的利益等捆绑在一起，形成一个有机的整体，弥补高校办学的固有缺陷（如师资与设备不足、市场不熟悉、就业门路窄、项目开发经验有欠缺等），开拓一个全新的办学模式。

第五，加强实训中心的管理，在实验室装备和运行项目管理、支持等方面探索新的思路和模式，更好地发挥实训中心的功能和作用。

第六，在课程实习、暑假实习和毕业设计等环节进行改革，探索高效的工程训练内容设计、过程管理新机制。做到"走出去"（送学生到企业实习）和"请进来"（将企业好的做法和项目引进到校内）相结合的新路子。

第七，办好"校内""校外"两个实训基地建设，在校内继续凝练、深化"校内实习工厂"的建设思路，并和软件公司建设校外实训基地。

第八，加强第二课堂建设，同更多的企业共建学生第二课堂。学院不仅提供专门的场地，而且提供专项经费支持学生的创新性活动和工程实践活动。加大学生科技立项和科技竞赛等的组织工作，在教师指导、院校两级资金投入方面进行建设，做到制度保证。

强化学生理论与实践相结合的能力，就必须形成较完备的实践教学体系。将实践教学体系作为一个系统来构建，追求系统的完备性、一致性、健壮性、稳定性和开放性。

按照人才培养的基本要求，教学计划是一个整体。实践教学体系只能是整体计划的一部分，是一个与理论教学体系有机结合的、相对独立的完整体系。只有这样，才能使实践教学与理论教学有机结合，构成整体。

计算机专业的基本学科能力可以归纳为计算思维能力、算法设计与分析能力、程序设计与实现能力、系统能力。其中的系统能力是指计算机系统的认知、分析、开发与应用能力，也就是要站在系统的观点上去分析和解决问题，追求问题的系统求解，而不是被局部的实现所困扰。

努力树立系统观，培养学生的系统眼光，使他们学会考虑全局、把握全局，能够按照分层模块化的基本思想，站在不同的层面上去把握不同层次上的系统，还要多考虑系统的逻辑，强调设计。

实践环节不是零散的一些教学单元，不同专业方向需要根据自身的特点从培养创新意识、工程意识、工程兴趣、工程能力或者社会实践能力出发，对实验、实习、课程设计、毕业设计等实践性教学环节进行整体、系统地优化设计，明确各实践教学环节在总体培养目标中的作用，把基础教育阶段和专业教育阶段的实践教学有机衔接，使实践能力的训练构成一个体系，与理论课程有机结合，贯穿于人才培养的全过程。

追求实验体系的完备、相对稳定和开放，体现循序渐进的要求，既要有基础性的验证实验，还要有设计性和综合性的实验和实践环节。在规模上，要有小、中、大；在难度上，要有低、中、高。在内容要求上，既要有基本的，还要有更高要求，通过更高要求引导学生进行更深入的探讨，体现实验题目的开放性。这就要求内容：既要包含硬件方面的，又要包含软件方面的；既要包含基本算法方面的，又要包含系统构成方面的；既要包含基本系统的认知、设计与实现，又要包含应用系统的设计与实现；既要包含系统构建方面的，又要包含系统维护方面的；既要包含设计新系统方面的，又要包含改造老系统方面的。

从实验类型上来说，需要满足人们认知渐进的要求，要含有验证性的、设计性的、综合性的。要注意各种类型的实验中含有探讨性的内容。

（二）实践体系的设计与安排

1. 课程实验

课程实验分为课内实验和与课程对应的独立实验课程。他们的共同特征是对应于某一门理论课设置。不管是哪一种形式，实验内容和理论教学内容的密切相关性要求这类实验是围绕着课程进行的。

课内实验主要用来使学生更好地掌握理论课上所讲的内容。具体的实验也是按简单到复杂的原则安排的，通常和理论课的内容紧密结合就可以满足此要求。在教学计划中实验作为课程的一部分出现。

2. 课程实训、阶段性实训与项目综合实训

课程实训是指和课程相关的某项实践环节，更强调综合性、设计性。无论从综合性、设计性要求，还是从规模上讲，课程实训的复杂度都高于课程实验。特别是课程实训在于引导学生迈出将所学的知识用于解决实际问题的第一步。

课程实训可以是一门课程为主的，也可以是多门课程综合的，统称为综合实训。综合实训是将多门课程所相关的实验内容结合在一起，形成具有综合性和设计性特点的实验内容。综合课程设计一般为单独设置的课程，其中课堂教授内容仅占很少部分的学时，大部分课时用于实验过程。

综合实训在密切学科课程知识与实际应用之间的联系，整合学科课程知识体系，注重系统性、设计性、独立性和创新性等方面具有比单独课内实验更有效和直接的作用。同时还可以更有效地充分利用现有的教学资源，提高教学效益和教育质量。

综合实训不仅强调培养学生具有综合运用所学的多门课程知识解决实际问题的能力，更加强调系统分析、设计和集成能力，以及强化培养学生的独立实践能力和良好的科研素质。

各个方向也可以有一些更为综合的课程实训。课程实训可以集中地安排在 1~2 周完成，也可以根据实际情况将这 1~2 周的时间分布到一个学期内完成。更大规模的综合实训可以安排更长的时间。

3. 专业实习

专业实习可以有多种形式：认知实习、生产实习、毕业实习、科研实习等，这些环节都是希望通过实习，让学生认识专业、了解专业，不过各有特点，各校实施中也各具特色。

通常实习在于通过让学生直接接触专业的生产实践活动，真正能够了解、感受未来的实际工作。计算机科学与技术专业的学生，选择 IT 企业、大型研究机构等作为专业实习的单位是比较恰当的。

根据计算机专业的人才培养需要建设相对稳定的实习基地。作为实践教学环节的重要组成部分，实习基地的建设起着重要的作用。实习基地的建设要纳入学科和专业的有关建设规划，定期组织学生进入实习基地进行专业实习。

学校定期对实习基地进行评估，评估内容包括接收学生的数量、提供实习题目的质量、管理学生实践过程的情况、学生的实践效果等。

实习基地分为校内实习基地和校外实习基地两类，它们应该各有侧重，相互补充，共同承担学生的实习任务。

4. 课外和社会实践

将实践教学活动扩展到课外，可以进一步引导学生开展广泛的课外研究学习活动。对有条件的学校和学有余力的学生，鼓励参与各种形式的课外实践，鼓励学生提出和参与创新性题目的研究。主要形式包括：①高年级学生参与科研；②参与 ACM 程序设计大赛、数学建模、电子设计等竞赛活动；③科技俱乐部、兴趣小组、各种社会技术服务等；④其他各类与专业相关的创新实践。

教师要注意给学生适当的引导，特别要注意引导学生不断地提升研究问题的层面，面向未来，使他们打好基础，培养可持续发展的能力。反对只注意让学生"实践"而忽视研究，总在同一个水平上重复。

课外实践应有统一的组织方式和相应指导教师，其考核可视不同情况依据学生的竞赛成绩、总结报告或与专业有关的设计、开发成果进行。

社会实践的主要目的是让学生了解社会发展过程中与计算机相关的各种信息，将自己所学的知识与社会的需求相结合，增加学生的社会责任感，进一步明确学习目标，提高学习的积极性，同时也取得服务社会的效果。社会实践具体方式包括：①组织学生走出校门进行社会调查，了解目前计算机专业在社会上的人才需求、技术需求或某类产品的供求情况；②到基层进行计算机知识普及、培训、参与信息系统建设；③选择某个专题进行调查研究，写出调查报告等。

5. 毕业设计

毕业设计（论文）环节是学生学习和培养的重要环节，通过毕业设计（论文），学生的动手能力、专业知识的综合运用能力和科研能力得到很大的提高。学生在毕业设计或论文撰写的过程中往往需要把学习的各个知识点贯穿起来，形成对专业方向的清晰思路，尤其对计算机专业学生，这对毕业生走向社会和进一步深造起着非常重要的作用，也是培养优秀毕业生的重要环节之一。

学生毕业论文（设计）选题以应用性和应用基础性研究为主，与学科发展或社会实际紧密结合。一方面要求选题多样化，向拓宽专业知识面和交叉学科方向发展，老师们结合自己的纵向、横向课题提供题目，也鼓励学生自己提出题目，尤其是有些同学的毕业设计与自己的科技项目结合，学生也可到 IT 企业做毕业设计，结合企业实际，开展设计和论文；另一方面要求设计题目难度适中且有一定创意，强调通过毕业设计的训练，使学生的知识综合应用能力和创新能力都得到提高。

在毕业设计的过程中注重训练学生总体素质，创造环境，营造良好的学习氛围，促使学生积极主动地培养自己的动手能力、实践能力、独立的科研能力、以调查研究为基础的独立工作能力以及自我表达能力。

第三节　基于信息技术的计算机课堂教学

一、信息技术与课程融合的层次

随着信息技术在教学中得到了广泛应用，要想使信息技术在教学中的应用得到最好的效果，那就要求教师对信息技术的教育应用层次十分地熟悉，认识到信息技术在教学应用中的不足和缺点，从而改进优化。

（一）信息技术与课程的基本融合

信息技术在教学中可以起到展示信息、充当学习交流工具、充当教学辅导工具等基本作用。

1. 展示信息

在信息技术应用于展示信息教学中，教师通常通过使用 PPT、Word 等文档工具将教学内容呈现给学生。教师会针对这些文档进行详细讲解，学生则以集体听讲的方式参与。尽管教师所传授的知识可能来自传统教科书，但通过运用这些新颖的工具，教学方式并未发生实质性的变革。

在这种情况下，信息技术被视为一种展示工具，应用于教学过程中。与传统教学相比，教学的核心本质并未发生重大改变，而是增添了一种辅助工具。因此，与传统教学相比，这种方式并未从根本上转变教师向学生传授知识的方式，学生仍然在一定程度上扮演被动学习的角色。

2. 学习交流

信息技术在学习交流教学应用中，其过程一般是：教师通过一个教学平台，对学生进行知识的讲解，学生通过平台与教师进行知识等的交流，教师可以对学生进行个别的辅导，还可以进行一些教学的活动，让学生进行交流。这在远程教育中是最基本的教学模式。其中教师作为知识的讲授者，活动的组织者，学生接受知识，有主动参与到教学活动中来的过程。

交流可谓是教学过程中的关键性环节，师生间的交流更有助于教学效果的提升，在一定程度上也会对教学质量产生影响。将科学技术与教学相融合后，师生的互动机会也在不断增加，即便没有对教学方式进行大幅度调整，但是师生情感、技能提升方面有了较大的提升。

3. 教学辅导

信息技术在教学辅导教学应用中，其过程一般是：教师通过软件对学生进行知识讲解，并对学生的知识掌握进行评估。伴随着我国科技的不断进步，计算机技术也实现了跨越式的发展，用于练习和测试的软件也越来越多，之所以将计算机软件融入教学中，是因为大量的练习和测试，不仅能够帮助学生巩固所学知识，还能够帮助学生完成自主学习。随着软件的不断更新，教师的众多职能已经被一些学习软件所替代，使得教学越来越依赖于计算机技术。教师能够通过测试和练习的结果，了解学生掌握所学知识的具体情况，更有助于教师对学生进行精准化的辅导。每个软件的交流应用方式不一，体现了不同的教学（或学习）方法；有时在同一软件中也可应用不同的方式进行教学，如操练和练习、对话、游戏、模拟、测试、问题解答等。

（二）信息技术与课程的中级融合

信息技术在教学中可以起到扮演学习资源环境、充当信息处理工具、充当协作工具、作为开发工具等中级融合作用。

1. 学习资源环境

信息技术在学习资源环境中的教学应用，其过程一般是：教师在上课之前把有关的各种资源搜集整理成文件夹，通过电子邮箱、指定文件夹或者内部网站等共享给学生，教师还可以给一些问题引导学生去探索学习。在这种教学过程中，教师只是教学的引导者，而学生才是主动参与者。

用信息技术提供学习资源环境就是要突破书本是知识主要来源的限制，为学生提供各种信息，用各种相关资源来丰富课堂教学，扩充教学知识量，扩充学生的知识面，而是能开阔思路，增加学生的自主学习兴趣。

在学习资源环境的应用中，主要培养的是学生信息能力中获取信息、分析信息的能力，让学生在对大量信息进行筛选的过程中，从多层面了解事物。

2. 信息处理工具

信息技术在信息处理工具中的教学应用，其过程一般是：可采用任务式教学策略，例如，让学生写一篇"你最向往的地方"的作文，学生可以在网上自由遨游，选择祖国山河的壮丽一景，然后制作集文本、图形、声音、视频等于一身的 Word 文档，写出一篇精美、感人的作文。

信息技术作为信息的处理器，目的是培养学生的信息加工能力和思维的流畅表达能力，加大对大量知识的内化。

3. 充当协作工具

信息技术在充当协作工具中的教学应用，其过程一般是：教师给学生分组，通过任务驱动的教学方式，每组完成自己组的任务，其中每组成员各自完成自己组认为的子任务，最后通过协作完成任务。

信息技术的作用主要是充当学生之间的一个协作平台，除此之外，信息技术还能够引导更多的学习者共同参与到学习任务中，学习者与学习者之间相互帮助、互相影响，在团结协作下共同完成教学任务，如此便能够对知识有更加深入的学习，培养学习者的协作意识和创新能力。当然，协同也离不开网络技术的支持，视频会议、社区聊天都为学习者提供了良好的平台。

4. 作为开发工具

例如在远程教育课程学习过程中，老师给学生分好了小组，要求学生以小组方式完成关于远程教育的一个设计任务，并提出了若干的要求，学生们组内探讨，完成了初级的设计，并给每个组员安排了任务，分工查找材料，最后通过协作的方式完成了该次设计任务，通过教学平台传递给了老师，老师进行了点评，分析了设计的不足和缺点，进行了远程教育知识的扩充。由此看来，学生学会了对信息的加工、处理，以及协作能力的培养，培养探索能力、自己发现问题和解决问题的能力，以及创造性思维能力。

（三）信息技术与课程的高级融合

信息技术在教学中作为与教学内容合理化结合的教学工具，这即是信息技术的高级应用。信息技术的应用不能生搬硬套，要灵活应用，多种教学模式与教学内容的优化组合，结合课堂实际及学生状况，考虑各个方面的因素，只有综合的考虑，教学效果才能更上一层楼。

提高课堂整体教学效率是信息时代所面临的一个迫切而又艰巨的任务，而实现这个目标的最关键的一个环节是信息技术的合理应用。这需要大批具有优秀信息素养的教师，他们懂得先进的教学理念，知道在不同的地方，不同的时间该应用何种教学模式，也能清楚地定位自己的角色。引导学生自主的探索、发现、建构一些问题，培养出具有独立自主、协作意识的人才，这是信息技术在教学中的应用层次的最终端，是所有教师追求的最高目标。

二、计算机专业课程的微课及其知识可视化设计

（一）微课教学的特征与实现基础

微课是一种利用先进的网络技术来辅助教学，从而达到一定教学目标的微教学材料。微课的显著优势，就是它把现代先进的信息技术手段和传统的教学材料进行结合，从而使教学更加具有层次感，使教师的教学能够突出重、难点，同时为学生的学习创设一种十分轻松的学习氛围。

1. 微课教学的特征

微课是一种新的教学方式，因而和传统的教学方式相比，微课教学具有很多显著的特征，主要包括以下五个方面：

（1）形式多元，内容真实。微课的多元特点主要是指微课的资源形式非常丰富，它不仅包括视频形式的微课资源，还包括微教案、微课件等教学资源，教学资源的形式是非常多样化的。和我国传统的课堂教学模式相比较，微课这种多样化的教学资源可以提升学生的学习兴趣，使教师的教学更加精彩。在日常的教学实践中，无论是教师还是学生，他们在利用微课资源时都能够从中学习很多东西。

对于学生而言，学生在利用微课学习时，他们可以利用相应的微练习来对已经学习过的知识进行练习和巩固，他们可以利用相应的微反馈来检查自己的学习效果，并查看错误题目的答案，巩固自己的知识。这整个过程可以大幅度提升每个学生的思维能力，使学生

对自己的学习能力更加清晰的认识。

对于教师而言，教师在制作微课的过程中也可以学习很多微课制作技巧，可以升华自身的教学技巧等，这个锻炼的过程也有利于教师的专业发展。微课的真实性特点主要是指微课在设计时都会选择真实的场景，从而使教师把微课和传统课堂教学结合起来。具体分析而言，教师在选择微课的场景时通常都会选择和所学专业相关的场景，如教师通常会选择大学的体育馆等场所来录制体育教学中相关的微课视频，又如教师通常会选择专业的化学实验室等场所来录制化学教学相关的微课视频资源，这样能够体现出微课的真实性。

（2）逻辑分明，主题鲜明。教师在教学实践中应用微课的主要目的，就是为了解决很多传统教学模式在课堂中无法解决的教学难题，例如，教学的知识点复杂且缺乏一定的逻辑性、教学的重点和难点不突出等问题。

一般情况下，教师在制作微课视频时，他们都已经有了明确的主题，一般教师制作的微课都是围绕着教学中的重点知识或者难点知识展开的，这样微课教学就能够有鲜明的主题，也能够易于学生的理解，帮助学生理清学习的思路，使学生轻松地掌握教学中的知识点。

（3）时间弹性，学习便捷。在我国传统的教学模式中，课堂教学时间通常是固定的，每节课一般规定为 45 分钟。然而，在微课教学中，微课视频的时间通常比较短，只有 5 到 10 分钟左右。这种短小的视频长度使得年龄较小的学生更容易集中注意力，不容易分散注意力。此外，这些微课视频也更容易吸引学生的注意力，激发他们的学习兴趣。

短小的微课视频有助于提高学生的学习效果。通过将知识点分解成更小的单元，在每个视频中重点呈现一到两个核心概念，学生能够更加集中地理解和吸收。他们不需要长时间的持续注意力，而是可以通过短暂的时间段进行高效的学习。这种碎片化的学习方式也有助于学生巩固知识和提高记忆力。

此外，微课的资源易于下载和储存。学生只需携带移动设备，就可以随时随地进行学习活动，具有极大的灵活性。他们可以根据自己的时间安排，选择合适的地点进行学习，不再受限于传统课堂的时间和地点限制。这为学生提供了更大的自主学习空间和自由度。

因此，微课教学的短小视频时长和资源的便捷性使得学生更容易集中注意力、激发学习兴趣，并且能够自主选择学习时间和地点。这种灵活性和高效性为学生提供了更加便利和个性化的学习方式，促进了他们的学习效果和学习动力的提升。

（4）资源共享，信息交流。在互联网时代，网络为人们的生活提供了许多便利，其中最显著的优点之一就是网络可以实现资源的共享。微课教学作为一种基于先进网络技术的教学模式，也具有这一显著特点，即微课可以实现资源的共享。

微课教学通过将教学视频等相关资料上传至网络，为教师和学生提供了一个信息交流的平台。一旦教学结束，教师就可以将相关的教学视频资料共享在网络上，供其他教师和学生学习和借鉴。这种资源共享的方式有助于促进教师之间的互相切磋和学习，进而推动教师的专业发展。

通过微课资源的共享，教师们可以相互借鉴和分享优秀的教学经验、教学方法和教学资源。他们可以观看其他教师制作的优质微课，从中获取灵感和启发，提高自身的教学水平。同时，学生也可以从网络上获取到丰富的学习资源，不仅可以通过观看优秀的微课视频进行学习，还可以参考其他学生的学习心得和作品，促进彼此的学习交流。

微课教学的资源共享具有开放性和扩展性的特点。不仅可以在学校内部进行资源共享，还可以在跨学校、跨地域范围内进行资源的共享。这为教师和学生提供了更广阔的学习和交流空间，促进了教育资源的整合和共享，推动了教育的普及和提高。

（5）实践生动，互动性强。由于微课开发的主体是广大一线教师，加之微课开发的本身就是以大学的教学资源、教师的教学与学生的学习为基础的，越来越多的大学通过微课这种新的学习方式进行探索研究，挖掘本校的微课建设，本身就具有很强的实践性。在实践的过程中，需要注意微课的表达方式，生动活泼不仅体现在精美的画面、动听的音乐以及明确的主题上，还体现在精心设计的流程及其相应的互动方式上。

2. 微课教学的实现基础

（1）先进教学理念。基于信息化技术，各行业都开始了不同的变革，在教育领域也是如此。信息技术的支持，使我国的教育发展走上了快车道，各种信息技术应用在教育教学中，极大地提高了教育教学质量。信息技术使得各种教育设备具有了更高的可靠性，并且使用起来也更加便捷，网络技术的进步也使得教育教学不再受到地点以及时间的限制。先进的教育理论是实现信息技术与教学整合的必要前提，在教育教学中发挥着重要作用。从信息技术层面上看，信息技术在教育中应用的过程是信息技术手段在各个学科中的应用过程，而从教学改革上看，信息技术在教育中应用的过程则是教学改革的过程。理论与实践是相辅相成的，没有理论指导的实践是不会成功的，如果没有正确的理论做指导，教学改革将无法成功。

我国对推进信息技术在教育教学中的应用制订了一系列政策，提出了一些要求，例如，必须将优质的数字教学资源完善起来，将信息技术深入应用到教学中去，在教育教学中使用信息技术进行创新，使用信息技术来解决教育教学中的难题等。信息技术使人们的教学和学习活动有了更加广阔的空间，不仅可以进行实时学习，而且可以进行异地异时学习。教师和学生之间不再是简单的课堂上的联系，而是借助信息技术开展远程教学、网络协作教学等，这些多种多样的教学模式将教育与教学引入了一个更加高效的阶段。在信息化的教学环境中，教师和学生不再被动的讲解和学习知识，而是充分发挥网络的作用，教师可以在线指导学生开展学习，也可以学生自学然后将疑问传递给教师，这种教学模式极大地解决了教师和学生不同步的问题。并且，学生可以随时随地开展移动学习，充分利用自己的碎片化时间。

在微课模式下，教学变得更为简单。对于学生来说就可以根据自己的步调进行学习，这样转化自己的学习状态，化被动为主动，学生显然可以根据自己的兴趣开展学习，在此种背景下，学生学习的主动性就会得到发挥，从而开展自主学习，从而提高学生的自信心。由于微课的时长较短，则它占据的内存就比较少，下载只需要花费很少的流量，方便了学生在移动设备上观看和下载学习。微课视频还具有一定的其他功能，例如可以随时观看和暂停、随时快进和后退，这些都为学生的学习提供了很大的方便。学生观看微课视频之后，如果不理解，还可以反复观看，当看到有兴趣的内容时也可以再次观看。

（2）成熟信息技术。信息革命浪潮的兴起，促进了互联网的全球化普及，让世界各地的人们可以更加近距离的交流。信息技术的发展同样也带动了其他技术变革，对社会发展产生了非常重要、深刻的影响。现代社会是信息化社会，所有领域都在试图利用信息技术进行变革，信息技术的快速发展对社会的发展产生了不小的影响，也提出了比较高的要求。在这一社会转型时期，人们必须要转变观念，用新的眼光来审视教育制度，对教学模式予以创新，并重点思考怎样在教学中运用信息技术，使信息技术成为教学改革的重要推动力。在这一高速前行的信息化潮流中，教育的目的也发生了变化，其中一个比较重要的目的就是，使人借助信息技术来丰富自己的知识，提高自己的专业技能。信息技术对教育的变革体现在两个方面：一方面，它改变了人们的学习习惯与学习方式；另一方面，它改变了大学长期以来固有的教学模式。

（二）基于知识可视化的计算机专业微课设计目标

知识可视化是从信息可视化、数据可视化的发展中产生的，信息可视化就是把那些复杂的、隐晦的甚至常人难以理解的信息变得通俗易懂，把隐藏在信息中的内在规律以可视化的方式表示出来。数据可视化是将数据通过图表图形等方式呈现出价值，知识可视化是一种用来构建和传递复杂知识的图形图像手段，其目的是改进两人或多人间知识的创新与转移，并帮助他人正确地重构、记忆和应用知识。

知识可视化最早并不应用于教学中，而是在企业对知识的管理上，而知识还分为隐性知识和显性知识两个部分。隐性知识是主观的经验或者体会，不容易运用结构性概念加以描述或表现。例如个人信念、价值观、世界观等。显性知识也叫编码知识，人们可以通过口头传授、教科书、参考资料等方式获取，也可以通过语言、书籍、文字、数据库等编码方式进行传播，也容易被人们学习。

知识视觉表征是实现知识可视化的有效实践途径和研究内容，知识视觉表征在一定程度上严格地讲就是把那些所谓的个体可以直接传授表示的显性知识和那些不能直接表示出来的隐性知识转化成任何人都可以学习的知识。知识可视化就是把那些不能直接描述的知识变得具体化，是从抽象化到具体化的转变，让内隐的知识理解的时候变得更为形象集中。随着教师教学时间的增长，教师的隐性知识越来越多。教师的专业隐性知识从不是单一的，它分为教育教学和学科教学内容两方面的隐性知识。教学的隐性知识指的是教育教学过程设计、基本理念、教育策略等；学科教学内容隐性知识指的是对学科概念的独到理解与分析以及和其他学科之间存在的联系等。在一定程度上，学科知识结构的组织、教学内容的深层挖掘、学科知识的独到理解和精辟分析都是教师的隐性知识的重要组成部分。

启发想象力、启发创新思维是教育领域中实现知识可视化的主要目标。前面将知识可视化进行了具体的描述，对知识可视化的内容范围应该更加宽泛化，那些深奥的、难以理解的个人信仰、人生价值观、经验、意见等也可以按照事实信息的方法用图片、图表等形式让人形象具体化地理解。微课本身就是借用多媒体进行教学，它运用信息技术按照作者的认知规律，把碎片化的学习内容、过程及扩展素材，让作者的个人观点、思考过程通过影视化的方式进行具体化的传递。在微课里，隐性知识是指制作者用视觉形式和视觉符号等形式把自己对知识的理解、组织、观点等进行具体化的展示传递。所谓的体系结构不是一开始学习就会产生的，而是在学习中慢慢获得的，它是外界刺激后产生的心理反应产物。微课中呈现的形式与心理产生互动时，它们才能形成一个整体，是知觉的最终结果。在这一过程中，除了知识的客观性质以外，知觉产生的能动性和重组性尤为重要。故此，制作者在传递隐性知识过程中，视觉符号的运用也是隐性知识的传递。

因此，在设计知识可视化的微课时要做到以下四个方面：

第一，在知识的学习情境上，可以用可视化的形式予以丰富，吸引学习者注意力方面可以让抽象内容具体化，具体内容生动化。

第二，教学策略要根据学习者的认知规律来设计，具体做法是把学习者的认知规律中的知识结构重新进行搭建整合，例如列举、概括、比较、分析、综合等思维过程。就如同对案例、图表、知识结构图等，让专家运用逻辑推理的方式与解决问题的思考方式用可视化的方式进行呈现，让制作者把自身认识的隐形内容，如规则、原理、复杂技能等采取具体的教学策略。

第三，在隐形内容的表达上，制作者要侧重对思想、态度、知识观念的表达。

第四，为了让学习者提升理性认识，让感性沟通与审美体验在视觉思维调动中有所促进，在具体的视觉形式上，合理地运用视觉符号，让学习者从内心对隐性知识的观点接受认可。

（三）基于知识可视化的计算机专业微课设计内容

"随着计算机技术的不断进步和更新，对大学计算机教育提出了新的要求。大学必须与时俱进，并及时创新计算机教育系统，以适应社会形势。"[①] 微课的核心是微课的内容。具体来说，就是微课要讲授哪些知识，以及微课应该采用何种教学策略和教学流程来讲授这些知识。

1. 微课的知识点选择

微课程的设计首先需要确定要涵盖的知识点。这个决策需要基于知识的重要性和实际应用价值。在计算机专业中，知识点的选择应该以当前行业趋势、技术需求和学生的学科背景为基础。例如，对于一个编程微课，知识点的选择可能包括编程语言基础、算法和数据结构、软件工程原则等。

在选择知识点时，必须考虑它们之间的关联性。知识点之间的逻辑关系和依赖关系需要清晰地呈现出来，以帮助学生理解如何将这些知识点整合和应用到实际问题中。这可以通过知识图谱或概念地图来可视化呈现。

不同学生的背景和学术水平各不相同。因此，在知识点选择过程中，需要考虑学生的需求，包括初级、中级和高级水平的课程。这可以通过将知识点分层次呈现，以便学生可以选择适合他们水平的微课。

计算机领域的知识迅速发展，因此微课的知识点选择需要不断更新和改进，以反映最新的技术和趋势。知识可视化工具可以帮助教师和设计者跟踪和管理知识点的演变。

2. 微课中的隐性知识

隐性知识指的是那些难以言喻、难以明确表达的知识，通常是根植于经验和实践之中的知识。在计算机专业中，这可能包括解决问题的洞察、调试技巧、最佳实践等。

微课的设计应该旨在揭示和传授隐性知识。这可以通过案例分析、实际项目和模拟练习来实现。知识可视化可以在这方面发挥重要作用，帮助学生理解和应用隐性知识。例如，通过可视化工具展示代码调试的过程，让学生看到问题出现和解决的关键步骤。

---

① 李勇. 高校计算机微课教学体系构建策略 [J]. 百科论坛电子杂志，2020（13）：1316.

隐性知识的掌握通常需要实践和体验。微课应该鼓励学生积极参与项目和实验，以便他们能够在实践中逐渐发展和理解隐性知识。知识可视化可以在实践过程中提供实时反馈和指导。

隐性知识通常在社区和合作学习环境中更容易传递。微课设计可以鼓励学生之间的互动和知识共享，以便他们能够从对方的经验中获益。知识可视化工具也可以用于促进学生之间的合作和讨论。

三、基于慕课的计算机专业课程融合式教学

（一）慕课教学的基本理解与认知

1. 慕课与传统网络课堂的差异

慕课即大规模开放在线课程，是"互联网+教育"的产物。慕课虽然也是一门网络在线课程，但是它与传统的网络课堂之间还是存在一些比较明显的区别的，主要体现在以下方面：

（1）慕课的教学目标与课程计划都是非常明确的。通常慕课开始之前，教师会对课程的基本情况进行简单的介绍，包括具体的课程要求、教学进度安排以及学生需要达到的程度等；此外，学生也需要在上课之前用邮箱注册一个自己的专属账号，并且仔细阅读课程的相关介绍，这样才能够保障教学活动的正常开展。

（2）慕课中的教学视频不是对课堂教学与会议所进行的录制，而是专门针对慕课教学而制作的视频。

（3）慕课的教学视频有一个非常突出的特点，就是由多个长度在 10 分钟左右的小视频构成，这主要是考虑学生注意力的特点。每一个小视频都非常简短精炼，而且都重点讲解了一项学习内容，可以有效地吸引学生的注意，促进学生学习效率的提升。

（4）微课的教学视频中设置了回顾性测试的环节，学生只有成功完成测试才能观看下面的视频，否则就要重新观看学习前面的内容。这样能够有效地提升学生的注意力，使学生在观看视频时更加用心。

2. 慕课教学的特征

慕课是信息技术迅速发展的产物，它在形成与发展过程中形成了独有的特征。

（1）大规模性。慕课是大规模的在线课程。因此，大规模性也是慕课的主要特征。传统教学是有人数限制的，而慕课教学并没有人数限制，同一课堂上学习的人数可以达到数

百万。

随着信息技术的发展，信息技术在教育教学中得到广泛的应用。教育信息化是教育发展的主要方向。而慕课作为不限制课堂学习人数的信息化平台，在教育教学领域日益受到重视。慕课是信息化时代的产物，慕课为世界各地的学习者提供了信息化学习平台。在这一平台上，有来自世界各地数百万的学习者在同一课堂进行学习，从而体现了慕课的大规模性，这也是其他信息化平台无法比拟的。

（2）非结构性。慕课在内容安排上也独具特色。具体而言，慕课中涉及的内容都是一些碎片化的知识。这些碎片化的知识经过专业领域教育者的组合形成了形式多样的内容。这些内容也是比较灵活的，可以根据需要随时进行扩充。各个领域不同的教育者对不同学科知识进行处理和集合，从而形成了内容集合。这个内容集合是慕课特有的，里面的知识可以进行再次重组，并利用慕课平台使这些知识彼此关联在一起。

另外，慕课课程标准的设立，有利于提高课程质量，也有利于提高学习者的学习水平。

（3）开放性。慕课作为大规模开放式在线课程，具有开放性的特征。慕课平台注重平等性和民主性。同时，慕课平台上的课程资源是面向世界各地、各族人民的，没有任何人群的限制。除此之外，慕课平台提倡，只要想学习的人都可以在平台上进行注册学习，从而学习慕课上的各种资源。慕课平台上蕴含着大量的网络在线资源，且这些资源的内容是开放性的，没有时间和空间的限制。讲授者与学习者的上课、交流、测试、评价等都是在慕课平台上进行的，教育教学过程是开放的。

可见，慕课有着优质的教育资源，同时将这些优质教育资源上传到慕课平台上，真实实现了资源的全球共享。慕课的开放性有利于促进教育国际化的发展，有利于实现全球资源共享，也有利于世界各地学习者树立终身学习的观念，更有利于促进教育公平化的进程。

（4）技术性。技术性也是慕课的主要特征。慕课是信息技术高速发展的产物，与其他的网络公开课程不同，慕课并不是教材内容到网络内容的简单搬移，而是充分利用信息技术的优势，实现讲授者和学习者之间的在线交流与互动。实际上，慕课是将整个教学过程从线下搬到了线上，真正实现了在线课程教学。

同时，慕课作为信息化平台，它主要采用短视频的形式进行在线教学。通常情况下，在每一堂课中，慕课所涉及的教学短视频的时长是 15 分钟左右。在这些短视频中，不仅包括学习的课程内容，还包括一些客观题。学生要对这些客观题进行回答，而慕课平台中的系统将对学习者的回答进行评价，只有回答正确这些客观题，学习者才能在慕课平台上继续学习。

慕课不仅充分利用了信息技术，还将云计算平台融入其中，这样不仅丰富了课程资源，还促进了海量课程资源的全球共享。另外，慕课还融入了大数据技术，在一定程度上促进了个性化教学的发展。除此之外，慕课平台中的各个网站也是精心设计的，这些精美的网站设计不仅有利于提高学生学习的热情，还利于提高学生的学习效率。

（5）优质性。与其他信息化平台相比，慕课具有优质性的特征，这是众所周知的。慕课涉及众多课程，无论是来自世界慕课平台还是当前流行的"好大学在线"课程，都提供了高质量的信息资源和学习资源。这得益于慕课平台上的课程资源都经过世界各高校的专业技术团队进行合作开发、筛选、编辑、加工、整理和审核后上传。

这些慕课资源不仅具有代表性，而且质量上乘，为慕课课程资源的优质性奠定了坚实基础。通过慕课，学习者可以获得全球范围内的顶尖教育资源，这些资源不仅具有代表性和典型性，而且还具备高质量和优质性等特点。

总的来说，慕课是一种将代表性、典型性、高质量和优质性等资源集于一体的学习平台，为世界各地的学习者提供了丰富的优质教育资源。慕课的优质性体现在其资源的丰富性和质量上，这使得学习者能够随时随地通过慕课平台获取到高水平的教育内容，并提升自身的知识水平和技能。慕课的兴起为教育领域带来了新的发展机遇，也为广大学习者提供了更多实现个人学习目标的途径和选择。

（6）以学为本。以学为本并不是慕课的表征特征，而是通过对慕课的系统分析，挖掘、归纳、总结出来的一种核心特征。以学为本强调的是以学生的学习为中心，也就是慕课上的信息和资源都要以学生为中心，为学生的学习提供丰富的资源。慕课将信息技术、云计算技术、大数据技术等计算机网络技术于一体，为世界各地想要学习的人提供了丰富的资源，打破了传统教学模式的时空限制，有利于世界各地的学习者根据自己的实际学习情况和需要，随时随地进行学习，从而获得自己想要学习的知识。

总之，慕课是一种信息化的教学模式，它不受课堂人数、时间和空间的限制，学生在慕课平台上学习具有很大的自由性，有利于调动学生学习的积极性。

（二）计算机专业课程与慕课融合的策略

在计算机科学领域，慕课的发展也引发了一系列有关如何与传统的计算机专业课程融合的策略讨论。这一融合的目标是最大程度地发挥慕课的优势，同时保持传统课堂教育的价值。

首先，慕课应被视为计算机专业课程的补充，而非替代品。慕课的灵活性和广泛的学习资源使得它们非常适合用来介绍基础概念、编程语言和工具等，从而可以减轻传统课堂教育的负担。

其次，慕课可以通过在线讨论论坛、协作项目和自动化评估等工具来增强互动性。这些工具可以促进学生之间的交流和合作，从而提高学习效果。同时，自动化评估也可以降低教师的工作负担，让他们更多地专注于提供个性化的辅导和支持。

再次，融合计算机专业课程与慕课还需要重视教育质量的维护。教师需要仔细策划课程内容，确保慕课和传统课堂教育相互衔接，以提供一致的学习体验。此外，评估方法也需要针对慕课进行调整，以确保学生获得的知识和技能与专业标准一致。

最后，跟踪和评估学生的进展也是融合策略中的关键步骤。通过数据分析和学习分析工具，教师可以更好地了解学生的需求和表现，从而调整课程内容和支持措施。这有助于提供更加个性化的学习体验，提高学生的满意度和学术成绩。

计算机专业课程与慕课融合是一个复杂而富有挑战的任务，但也是一个具有潜力的教育模式。通过将慕课作为传统教育的补充，并结合互动性、质量维护和学生进展的关注，教师可以充分利用这一模式，提供更加丰富和灵活的学习体验，从而更好地培养计算机专业领域的人才。

第四节 计算机专业课程的师资队伍保障

一、计算机专业师资队伍建设的内容及其意义

（一）计算机专业师资队伍建设的内容

教师职业专业化囊括四个方面的内容：①教师职业的专业性。教师职业的专业性不仅仅是指学科专业性，同时也包含教育专业性。这就意味着教师教学不仅要拥有娴熟的专业知识，也要具备科学系统的教育能力，能够有效地将自己的专业知识传授给学生。我国当前的教师准入标准不仅仅对教师本身的学历有明确的规定，同时对于教师的教育知识、师风师德等都提出了要求。②教师教育的专业化。当前教师教育活动具有较强的专业性，不仅要有专门的教育机构、场所，也要有专门的教育内容以及教育方式。③教师教育资格的专业化。国家对于教师职业资格进行专业的认证以及管理，规定教师必须满足相应的资格认证要求才能够从事教师这一行业。④教师个人发展的专业化。随着教育教学形式的不断

变化，教师面临的教学任务也日益繁重，因此教师个人的专业化发展对于适应新时期的教育教学工作具有重要意义。

（二）计算机专业师资队伍建设的意义

1. 适应院校发展需求

随着学校数量的不断增长以及生源数量的急剧下降，学校面临的竞争压力越来越大。只有全面强化教师教育体系建设，才能够在竞争中占据优势。通过强化教师教育体系建设，可以进一步整合学校有限的资源，充分发挥现有的优势，集中力量开展教学科研活动，从根本上提升学校的教育教学与科研能力。同时，在加强教师团队建设的过程中，可以进一步带动学校的技术开发与技术创新，进一步提升学校的社会服务能力。学校的教师团队可以为企业的发展提供智力支持，加快企业转型，提升企业的经营效率，利用先进的科学技术以及科研成果及时解决企业发展中存在的问题，实现产学研的有效互动。

2. 促进高素质教师团队建设

当前很多教师是"离开学校"再"回到学校"，实践经验匮乏，很难有效开展教学工作。通过加强学校教师团队建设，可以构建多元化的计算机教师团队体系，全面提升计算机专业教师的教学能力。在教学经验丰富的计算机教学团队领军人物带领下，新成员向老成员学习，将自己的教学心得主动与他人共享，从而高质量地共同完成教学任务。在专业化计算机教师团队建设时，应该充分考虑到每个教师的教学习惯、教学思维、教学理念等诸方面的要素，准确把握教学计划中涉及的内容，并且有针对性地制定出相应的教学计划与教学方案，保证教学活动的良性运行，促进计算机教学的长足发展。

二、计算机专业教师教育体系发展的策略

（一）健全计算机专业教师的激励机制

第一，明确各学校计算机专业教师的权责，提高其工作效率。根据学校计算机专业教师的个人能力进行工作岗位分配，使每个教师都能够充分发挥自己的工作主动性与积极性，都有公平晋升的机会。学校在制定各项规章制度时，要广泛征求计算机专业教师的意见，建立符合绝大部分计算机专业教师要求的制度，并且将制度严格执行下去。

第二，注重教师对于学校文化、发展规划的传播，明确其工作目标。计算机专业教师的个人目标要与学校的整体发展目标相一致，要通过各项奖励、职业生涯规划以及岗位培

训，将计算机专业教师的个人目标与学校的发展紧密结合起来，为他们提供充分发展的机会和空间，使他们在实现学校教学目标的同时实现自己的人生目标，促进其与学校共同成长。

第三，完善教师的职称评聘和任用机制建设，提升其工作积极性。在实际教学过程中，教师不仅要进行理论知识教学，也能面向学生进行指导和咨询，不断改进专业教育目标和产出，加强师生之间的交流与沟通。在保证教师对专业进行正确指导的同时，促进实际教学活动的有效开展。要对计算机专业教师在理论知识、实践技能、教学方法以及教学思维等方面进行系统专业的考核，并且将职称评聘以及考核结果作为学校任用教师的标准。强化岗位培训，注重对教师教学理念、教学思维的培训，开阔教师的视野，使其能够将教学与学生发展结合起来，注重对学生综合技能的培训，为学生以后的职业发展奠定坚实的基础。通过岗位培训将应用型本科院校的发展战略、有关的制度规定、工作职责等融入教师的思维中，让教师切实对学校产生较强的认同感以及归属感。

第四，加强岗位竞争，为教学团队遴选出高素质的计算机教学人才。通过公开透明的岗位竞争，有能力、高素质的教师可以参与到岗位竞争中，以优胜劣汰的方式打造高素质的现代化计算机专业教师团队。为了保证岗位竞争的有效性，根据竞争岗位的要求明确竞争的内容以及竞聘的方式、方法，通过公平公正的考试选拔出有能力的教师。同时，为了保证选拔工作的公开透明，应该将教师个人能力以及教学成效作为检验标准，激发教师的工作责任心与积极性，促进教学进步。

（二）针对不同阶段的教师开展培训，促进专业化成长

现代化的教师教育体系要注重教师发展的不同阶段，针对各个阶段的教师教学特点采取有针对性的措施，充分发挥教师的教学能力。

第一阶段：教师入职前期。新教师刚刚从师范类学校毕业，缺乏足够的教学实践经验，对于教师生涯也没有清晰的认知与规划。此阶段应该充分考虑新教师的个人习惯、兴趣爱好以及语言表达能力等，对于教学计划中涉及的教学思想、教学方法、教学要求、重难点分析、课时分配、课后作业布置等进行详细规划，保证教学计划既能满足新教师自身的发展需要，又能较好地完成教学任务。开展一系列的岗位培训，对新教师进行教育学、心理学、教学方法等理论知识的培训，让教师充分掌握教学所用的基本知识以及方法，从而为教师以后的教学发展奠定基础。

第二阶段：入职早期阶段。此阶段的教师刚开始接触教学活动，因此对自己的教学表现十分看重，对于未来的职业生涯发展也开始有了自己的想法。此阶段教师的自我表现欲

望较强，渴望得到学校领导以及学校的认可，因此压力也较大。该阶段的教师培训，要注重教学引导，使其清楚地认识到教学的重要性，树立起教书育人的工作理念，真正与教学一起发展、一起进步。针对入职早期教师教学能力相对较弱的情况，可以进行"老带新"，要求老教师对新教师进行一对一帮扶，从而帮助新教师尽早适应教学环境，能够在较短的时间内独立地开展教学活动。

第三阶段：关注教学阶段。此阶段的教师从事教学工作已经有一段时间，教学经验积累相当丰富，对于教学发展方向的把握也较为准确。同时，教师的工作以及家庭基本上已经稳定下来，逐渐将注意力集中在教学活动中，从关注他人对自己的看法逐渐转变为关注自己的教学情境。在教学过程中，教师不断总结自己的优势和不足，并且随时进行调整，不断提升自我，但是缺乏对学生学习的有效关注。在培训中，应该注重培养教师对于教学的关注，使他们不断了解学生对教学活动的接受能力、学生自身的学习能力等。这一阶段的教师要从简单地进行教学总结与反思的初级阶段发展到关注学生与自身职业生涯发展的专家阶段，不断实现自己的人生价值与社会价值。

（三）突出人本管理，强化目标教育

人本管理是现代管理制度，核心内容是以人为本，学校要在教师的合理定位与整体规划中融入以人为本的管理思想，充分发掘每一位教师的工作潜能，实现每一位教师的全面发展。学校教师开展计算机教学不仅仅是为了养家糊口，更是为了体现人生价值，学校要将教师作为主体之一，通过公开、民主的管理，在思想上明确领导和教师之间的沟通渠道，让教师有知情权、建议权和监督权，并且能够在学校的日常事务中行使权利，参与到教学管理、规划中，最终实现教学的长效发展。

对于学校计算机教学来说，其师资队伍来源具有多元化的特征，这是因为随着计算机教学工作的发展，对于教师队伍综合素质的要求也不断提升。单纯的理论教学满足不了教学工作的需求，需要从不同的企业、行业招募兼职教师。不同来源的教师，对于学校计算机教学工作的认知、理解等存在较大的差异，开展工作的形式也是多种多样的，但是强化职业指导工作质量建设是全体教师的工作目标。在学校计算机教师队伍建设中，应该充分尊重不同教师的差异，明确不同教师的教学特点以及教学风格，根据教师的背景以及计算机教学工作的目标采取差异化的管理方式，充分挖掘每一位教师的工作潜能，科学管理，统筹安排，最终实现学校计算机教学工作的长效发展。

（四）营造优良的教学环境

教学管理工作的具体流程是在现有主管部门的监管以及指挥下，采用经济、行政等手段，进行教学的管理、检查、指导，全方位提升实验室的综合水平，为国家培养大量优秀的人才，不断创造出更多更高水平的研究成果。

首先，着眼于学校发展需要，把人才培养作为学校教学发展规划和专业建设的重要内容予以部署，明确学生培养的任务、方向及目标，从而为人才的培养提供一个稳定的内部运行环境和工作机制。在专业课程建设上，任何形式的教学任务都要有明确的学时及要达到的具体目标，建立健全"精品实验"评选制度，为确保正常的教学活动按纲施训、不受冲击提供好的环境，从而最大限度地提升教学质量。

其次，加强学校教学管理机构的组织建设，制订符合学校教学管理发展要求的工作计划，强化对于管理人员的绩效以及工作考核，协调专业教学与科研之间的关系，保证本科教学、研究生教学、科研活动的立体化管理，充分协调各方教学关系，合理利用各种教学资源，把握学校的发展方向，提升学校教学组织机构建设的高效性。

最后，制定出一套完整、科学、协调的管理体系，明确职责，改变学校教学管理混乱的局面。在教学管理中要坚持层次性原则，不仅要做到全体管理人员职责明确，还要做到工作分配协调。通过层次分明的管理机制，明确教学管理的责任范围以及管理范畴。

为了适应学校不同的发展需求，应该采取不同的管理方法以及教育方式，实现对教师思想、心理等层面的有效管理。在计算机专业教师团队建设中，应该注重协调不同个体之间的关系，注重把握不同个体的思想动态以及行为习惯等变化，根据实际情况适当调整相应的教育策略，充分发挥每一位教师的主观能动性以及工作积极性，从而实现教师团队建设的高效性与科学性，为学校教学发展奠定坚实的基础。

第五章 计算机专业课程教学方法探索

第一节 计算机课程教学中的任务驱动法

任务驱动教学法是建立在建构主义理论上的，它的教学思想是以学生解决实际问题，完成教师设置的包含教学知识点、重点、难点的任务并以师生互动为主的，它和传统的以教师讲授知识为主的教学理念不同，这种教学法能使学生积极主动地想要去掌握知识，并根据自己对任务的理解，主动地根据已有的知识提出解决方案，完成任务，因此学生的学习由被动接受变为主动探究。

一、任务驱动教学法的特征与理论依据

任务驱动教学法核心的就是任务的设计，教师对教学内容和教学目标分析后创设任务，教学活动中通过任务引导学生研究、思考，并探索解决问题的方法，培养学生自我学习和主动探索的意识和能力，这种教学法最大的优点是使学生变被动接受知识为主动学习，使学生具有学习的主观能动性。人的活动受具有吸引力的目标的驱使，有了明确的目标，人的活动就有了动力，因此，教师在教学活动中设置任务，提供给学生学习的目标，那么学生就有了主动完成任务的动力，教和学就变得轻松容易了，教学效果也自然提高了。

实施任务驱动教学中，教师事先将知识要点、重点、难点巧妙的包含于设计的任务中，学生在完成任务的过程中同时也掌握了知识点和难点，它是建立在建构主义教学理论的基础上。计算机课程实践性较强，而且也具有知识的系统性和层次性，教师在设置任务时由浅到深，层层深入，逐层求精，学生在完成任务时也不容易产生畏难情绪，从而增强学生自信心和成就感，培养其主动学习、主动探索的学习习惯，有助于学生终身学习。

（一）任务驱动教学法的特征

1. 任务为主线

使用任务驱动法进行教学时，教师要以精心设计的任务为教学主线，设计任务是教师授课中最主要的问题，在教学过程中，教师设计的任务始终主导着教学过程，教师要根据教学情境设计包含教学内容的多个任务，学生在完成任务的过程中学习基本知识，教师实时指导学生，观察学生完成任务的过程，适当的提供帮助，使学生掌握理论知识和操作技能。

2. 教师为主导

在任务驱动教学法中，教师在传授知识的过程中对学生学习进行指导，学生是完成任务的主要执行者，这有别于传统教学中以教师教、学生学的教师的处于主体地位的教学模式，在提高学生的主观能动性研究方面有了很大的提高。

教师是任务的设计者，教师分析教学目标和教材的主要内容、学习者的基本情况，并设计合理的任务。在设计任务时，教师应根据实际情况创设任务。以教师为主导也体现在教师不仅通过创设包含学习内容的任务，并且在学生完成任务的过程中引导学生，使其掌握完成任务的方法、学习的技巧和操作技能，在完成任务的过程中，答疑解惑。同时进行任务评价，以教师评价为主导因素，以教师给予全面评价、小组成员自我评价、各个小组之间互评等形式进行评价。

3. 学生为主体

把任务驱动教学法应用于计算机课程的教学，能较好地发挥学生学习的主体地位，发挥主观能动性、创新能力，同时锻炼小组协作能力，学生为主体表现如下：

（1）调动学生学习的主动性。现代学习理论认为有两种学习动机：一种是由于外部原因造成的，称之为外在的动机，这种外部原因造成的学习动机由以下情况导致，例如考试中产生的心理压力、父母所给予的奖励、教师同学的认可和其他启发，这些均使学生产生了心理压力和吸引力，从而导致学生具有学习动机。另一种学习动机则是内在的动机，是由内部因素形成的，是由学生自我学习愿望、兴趣以及学习成就感导致。这种内在的学习动机使得学生产生更大的学习热情、思考意识和探索知识的主动性，内在动机对学习活动的影响更为巨大和持久。

现代学习理论认为，在教师授课过程中，学习动机又表现为成就动机，它包括认知驱动力、自我提升内驱力和辅助驱动力三方面。教师在授课过程中就是要是激发学生的成就动机，使学生在学习知识和构建知识方面具有主观能动性。任务驱动教学法就是教师设计任务，学生通过完成任务获得自信心。建构主义认为，学习应该是主动活跃的，教师根据教学内容和教学目标以及学生的基本情况精心创设的任务可以吸引学生的注意力，激发他们的主动性，同时学生完成任务的过程中在任务执行过程中，促使其自觉学习，自觉完成教师的任务，建立自信心和成就感，这样学生就爱上学习，在心理活动上进行良好的循环。

（2）培养学生创造力。任务驱动教学法是以完成教师设置的任务为主线的一种教学方法，教师依据教学目标和教学内容，设计合理的任务，引导学生去探索完成任务的方法。任务驱动教学法和传统教学方法不同，它主要是通过任务调动学生自学能力的养成，不同于传统教学法中侧重于灌输知识和技能，目的是让学生开拓思维，培养其创造力。

（3）培养学生的协作能力。教师要创设多层次、多形式的任务，要引导学生在完成任务时进行小组分工与小组成员协作相结合，同时学生在完成任务的过程中要和教师、同学探讨互动，在这个过程中，大家互相交流经验，完善观点，这个互动的过程使同学之间的关系更亲密了，而且知识技能也得到了提高，培养了学生的团队合作能力。

（二）任务驱动教学法的理论

1. 建构主义理论

建构主义理论认为，学习者是意义的主要建构者，学习者主动在学习情境中使用学习资料，通过教师和同学的协助，意义建构知识和技能，并不是主要通过教师讲授进行意义建构。建构主义理论的关键四大要素是学习情境、学习者协作、师生互动和意义建构。在建构主义理论下，教学原则总结为在教学活动中教师是教学的组织者，教学活动应该以学生这个主体为中心，教师在组织教学的活动中通过"情景、协作、会话"这一系列的社会环境下引导、帮助学生实现须掌握的知识的意义建构的目的，在此过程中使学生具有积极主动性和创新能力。

实际教学中，实施任务驱动教学法进行教学活动是依据建构主义理论为基础的。任务驱动教学法的教学过程为教师根据周围社会环境创设学习情境，然后设计出任务，在学生完成任务的过程中指导学生自主探索、小组协作完成设计的任务，最后做总结性的评价。

2. 人本主义学习理论

人本主义学习理论认为学习分为两种：一种是无意义学习，学习者学习枯燥的难以学习也难以记忆的无意义的音节；另一种是意义学习，这种学习是把学习者的经验结合起来、学习者完全投入精力的学习，意义学习里的学习者是完整的个体，它的行为、态度，性格在未来选择时会发生变化。

对学习者而言，任务驱动教学法就是有关意义学习的教学方法，即学习者在完成教育者创设的数个任务的过程中，学习基本知识点以及需要掌握的基本技能，以此来体现学习者的能力。因此任务驱动教学法体现"自我实现论"，这是人本主义理论所包含的内容。人本主义学习理论认为，教师在教学过程中，既要进行知识水平和技能的全面培养，同时更要注重对学生健全的人格培养。

学生在学习活动中处于主体地位，教师不仅仅是知识的传播者，更重要的是做学生学习过程中的引导者和促进者。教师在教学过程中，为学生提供相关学习资源，提供有利于学习的氛围。这些观点都和任务驱动教学法的相关的教育理念完全吻合，因此任务驱动教学法是依据人本主义学习理论基础开展教学活动的。

3. 多元智力理论

多元智力理论认为，智力是一种能力，是人在一定环境下处理问题并进行创新的能力。每一个人都具有八种主要智力：语言智力、逻辑数学智力、空间智力、身体运动智力、音乐智力、人际关系智力、内省智力、自然观察智力。

多元智力理论认为智力的特征有：智力的测量要在不同的生活环境中用多个标准来进行。智力分布于人的大脑以及周围的人和环境中，是分布存在并且具有情景化；智力表现为解决问题所具有的能力和创造力，是一种高级的思维活动；智力是多元的，是一组能力，并且多组能力是相对独立存在的，不是以一种能力综合存在的；智力是可发展的，可以在不同年龄发展，每一个人的多种智力的发展速度也不同，但是只要通过学习都可以使自身各方面能力得以提高。

多元智力理论对任务驱动教学法的实施具有的意义：①教师进行教学活动之前，要根据教学内容、教学目标、情景设置把教学重点分成多个的"任务"，通过任务的完成过程掌握知识和提高操作技能；②多元智力理论认为人的智力是多元化的，因此教师在教学过程中注重开发学生的多种智力，设计出有利于开发多种智力的任务；③多元智力理论还认为人的智力是不断发展的，对于一些基础差的、学习积极性不高的学生适当设置简单的任务，以此调动他们学习的积极性，增强他们的自信心，这样对教学目标的实现起推进作用；④由于学生的智力具有多元性，因此在教学过程中应该因材施教，即根据学生的智力水平和学习能力，采用不同的教学方法和策略，更好地促进学生的全面发展。

二、任务驱动教学法引入计算机课程教学的必要性

（一）适合计算机课程的特点

计算机课程的最大特点是实践性较强，计算机教学目标是通过教学使学生不仅具有计算机知识，而且掌握计算机操作技能，学生在入职以后能够熟练的操作计算机，解决工作和生活中的任务。因此要学好计算机课程，必须进行上机操作才能熟练掌握它。任务驱动教学法的基本特征是"以任务为主线，以教师为主导，以学生为主体"，在教学过程中教师设计包含教学内容和操作能力的多样的有层次的任务，引导学生完成任务，使学生形成一定的职业操作技能，成为职业教育培养的合格的技能型人才。

（二）符合学生的认知特点和学习规律

学生正处于青春期，身心发展都没有定型，他们的自我控制能力差，容易受到外界环境和条件的影响，不能专心投入到学习之中去。在任务驱动教学法中，教师创设真实的学习情境，根据教学目标和教学内容，设计和学生学习情境相匹配的任务，使学生在完成任务的过程中，提高学习兴趣，唤醒其主动探索思考的意识。教师在掌握的学生特点以及学习规律的情况下，调动非智力因素，使学生学习过程中，循序渐进地掌握计算机知识和操作技能，充分调动观察力、想象力等非智力因素。

（三）有助于培养学生自我学习与解决问题的能力

社会的不断进步和发展，企业对未来的技术人才的要求也变得严格起来，不仅要求学生有完成相应工作的能力，而且要求学生在工作中也要具有一定的自我学习的能力，同时在工作中碰到新的问题，要能有探索解决问题的能力。在学校计算机课程中引入任务驱动教学法教学，学生以教师设置的任务为主线，自主探索，经过小组协作，集思广益，既完成了任务，掌握了知识，培养了学生自主学习、自我探索的学习习惯，同时师生在完成任务的过程中互相交流，培养了学生团队合作精神。

三、任务驱动教学法教学设计的内容与原则

（一）任务驱动教学法教学设计内容

1. 分析教学目标与内容

在运用任务驱动教学法授课时，应该明确学生必须学习和掌握的知识，这就要求教师

分析课程以及教学章节，进行教学目标分析，确定教学目标中要求学生掌握"主题"，依据"主题"确定"任务"，在分析教学目标时，通过总的教学目标与子教学目标之间的关系，掌握全部知识。

当前学校计算机课程教学活动要求教学总目标是：使学生掌握一定的计算机知识，培养其信息素养，使学生学完计算机课程后，能熟练地使用办公自动化软件进行文字处理，以及信息处理，同时培养学生获取信息的技能和学会以计算机为工具学习别的课程的能力。

2. 分析学生特点

在利用任务驱动教学法授课时，教学活动主要是以学生为主，教师进行教学设计的目的就是为了让学生全面掌握教学内容，因此教师在进行授课时，首先分析教学结果会不会受学生的特点的影响，学生的认知特点、情感特点，以及其所具有的社会特点都会影响学生知识的接受以及归纳总结能力。教师在进行教学设计时必须了解学生知识的储备情况、认知结构以及学习习惯，并在教学设计时研究考虑如何使学生积极主动地想要学习、爱上学习。

教师取得授课活动成功的重要因素就是否认真分析学生的特点，授课过程中的教学效果和教学目标都围绕着学生学习活动实现，学生特点的分析就是对学生学习过程中所具有的学习准备情况以及学生所表现出来的自身的特点进行分析，因此，教师必须注重分析学生特点。

学校计算机课程教学时中，教师要预测分析学生的特点，实现对学生的计算机知识的了解水平进行调查和研究，主要从三个方面来实现：首先，进行新知识学习的基础性调查，即分析学生自身具有的计算机课程学习的知识技能储备情况；其次，分析学生学习新的计算机知识所应该达到的目标技能的情况，针对学生已掌握的教学目标和技能，授课过程中就可以简单讲授，对于学生掌握不好的教学目标和技能，则进行重点讲解；最后，分析学生学习计算机课程的思想态度问题，分析学生是否喜爱学习计算机知识，喜欢接受哪方面的计算机知识，对哪方面的计算机知识存在畏难情绪。

总之，在进行计算机课程设计时，教师应该分析学生的特点，对学生自身所具有的计算机知识进行预测分析，通过以上三个方面进行调查和研究。

3. 设计教学任务

教师在进行教学设计时，分析教学目标、教学内容和学生特点，把知识点包含在设计的任务中。任务设计是使用任务驱动教学法教学的关键，是教学效果好坏的决定性因素，任务分为开放型任务和封闭型任务。通过设计与教学内容密切相关的任务，学生掌握这个主题的知识点，同时培养自主学习能力和自主探索的能力，并在任务完成过程，使得师生更好的互动，增强学生团队合作意识。

4. 创设学习情境

在教学设计的过程中，情境的创设是指教师在教学过程中密切联系当前课程的学习内容，从学生有兴趣的点引入，选取教学案例进行设计。建构主义理论表明：教师在进行教学设计时，要提供真实的学习情境，使学生所要学习的知识和要完成任务的差距缩小，主要是培养学生知识迁移能力。在真实的学习情境中进行教学活动，使得学生自身想去接受知识。传统的课堂教学活动，没有给学生真实、生动的学习情境，学生不愿意联想，使得学生不能很好进行知识的意义建构。

学习情境创设的目的是促进教学，教师在进行教学设计时，情境的创设应该具有多样化的特点，同时要依据教学内容和教学目标，与教学过程相匹配。情境的创设应该注意以下两个问题：

（1）学习情境的创设要和学生具有的知识水平相匹配。建构主义理论认为，学习情境的创设应该建立在教师对教学目标和教学内容分析的基础上，同时也应该全面分析学生的特点，然后创设符合学习主题情境，帮助学生在相对熟悉的环境中完成任务，并实现知识与能力的提高。

（2）学习情境的创设要具有真实性。只有真实和科学的学习情境才能调动学生自主学习的欲望，教师在进行教学设计时，任务的设计必须和具有真实、完整的学习情境相匹配。

5. 设计学习资源

设计学习资源是指教师在设计任务时，明确完成任务需要的各种资源，以及明确这些资源能对完成任务起到什么作用。学生在寻找资源或利用资源时，不知道在什么地方或者不知道怎么取得这些资源时，教师应该帮助学生。在教学设计时，教师进行学习资源的设计时应按照"最近发展区"的规律进行。人的发展水平有两种类型：学生独立自主解决学习过程中产生的问题的智力水平，这个被称为已经具有的发展水平；还有一种是在集体的学习环境的影响下，通过有关的学习资源，或者在别人的帮助下有可能具有的解决问题的水平，这个称之为可能达到的发展水平。"最近发展区"是指自主解决问题的智力水平和需要别人协助的解决问题的水平之间的区域。教师在进行教学设计时，学习资源设计主要利用学习资源以及环境资源时要利用"最近发展区"的资源，促使学生提高学习能力。

6. 设计教学策略

教师利用任务驱动教学法设计教学时，应该注重教学策略的设计。教学策略设计是根据教学目标和学生特点实施教学的"处方"和"药"，这是教学设计的关键步骤。教师从自身的文化素养、经验总结中，归纳提炼以学生为主、有利于学生自主建构知识，有利于为社会培养人才的教学策略，这样发挥教师主导作用的教学策略都是可行的。教师设计教学策略时应注意处理两种辩证统一的关系：以教师为教学主导，学生为教学主体的关系和学生独立学习与小组协商学习的关系。

根据不同类型的任务，教师选用有差异的教学策略，例如教师设置的任务是封闭型，那么教学策略应设计成学生自主学习策略，反之，如教师设计的任务是开放型的，应采用学生自主学习策略和小组协商学习策略。任务驱动教学法中，学生是教学的主体，因此教师设计的教学策略也应发挥学生的主体地位，设计出不同的学习策略来满足教学目标。

7. 设计学习效果评价

评价学生学习效果，是通过评价发现教学活动存在的不足，为今后的教学活动提供经验教训，不只是评价学生学习活动的结果。在学校计算机课程教学过程中，教师可以通过练习系统和考试软件以及学生的电子作品进行计算机基础知识与操作技能的掌握情况进行测试和评价，评价应采用过程评价和最终评价相结合的方式，评价的侧重点不只是学生任务的完成情况，还要包含学生的创意构思，同时也要采用教师评价、学生自评、小组互评等方法进行。通过电子作品这个综合任务的评价，使学生具有责任感、成就感、团队合作精神，全面促进学生综合能力的发展。评价学生电子作品时，应该注意以下方面：

（1）以学生为主进行评价。评价学生电子作品是为了检查学生计算机知识以及计算机技术的操作情况，它是学生完成任务情况的总结及反馈，它是一种检查与改进的手段。在教师评价、小组互评、学生自评的过程中，要让学生发现完成任务过程中存在的缺点以及优点，促使学生进步，鼓励他们不放弃，勇于面对，迎头赶上。在对小组电子作品综合评价后，教师还要引导学生评价每位组员的任务完成情况，肯定成绩；同时进行过程性评价，及时总结分析不足，发挥小组每一位成员的主体作用，增强组员之间的团队合作意识和组员的凝聚力。

（2）评价的形式要多样化。学生电子作品的评价要采取教师评价、小组自评、小组互评多样化的评价形式相结合，多样的评价方式更能客观准确地评价学生电子作品这个任务的完成情况，提高学生学习的兴趣，掌握知识和技能。小组成员之间、小组之间完成任务的思维方式和方法不同，教师通过作品评价，引导学生欣赏、学习并思考，对比自己的学习，使学生能更透彻地理解和掌握任务中包含的知识点。教师要发挥主导地位，引导学生参与评价，通过多样化的作品评价形式，促使学生掌握知识和技能。

（3）教师是评价的总组织者。教师依据教学内容以及教学目标，对作品的完成情况，设立一系列标准进行评价。除此之外，教师还要引导学生，使学生对作品的完成情况，发表自己的见解，引导学生客观全面地评价作品，并发现问题，给予建议，同时吸收作品中出现的值得学习的优点。教师通过对评价的总组织，使学生的计算机知识以及创新能力都得到发展，并且有效地发挥以学生为主体的任务驱动教学法的基本特征。

（二）任务驱动教学法设计原则

在实施任务驱动教学法中，任务的设计是非常重要的，它对教学效果的好与坏的影响起决定性作用。因此，任务设计应注意以下原则：

第一，目标明确性原则。教学设计的任务中应明确包括教学目标以及教学内容，任务的设计既要考虑到学生知识技能的培养，同时也要考虑到学生信息的获取应用、情感、价值等综合信息素质的培养。

第二，真实有趣性原则。任务的设计应和学生的实际生活息息相关，并且具有一定的趣味性，学生才会觉得有意思，才会有探索和思考的兴趣，这样才能调动学生学习的积极主动性。

第三，操作可行性原则。计算机课程是实践性和操作性都很强的课程，教师在设计任务时必须考虑到学生是否在规定的时间内能完成，而且要考虑到学生的实际水平完成教师设计这个任务是否有困难，另外设计任务时最好设置成分层的任务，以适应处于不同知识水平和学习能力的学生。

第四，系统开放性原则。任务设计应该遵循系统开放性的原则，设计的多个任务应该是围绕着知识点的相关性而具有联系的，任务的设计是具有知识系统性。设计任务时，要灵活开放，使学生在任务的完成过程中，能开拓思维，充分发挥其创造力和想象力。

四、任务驱动教学法在计算机教学中的应用策略

（一）转变理念，增强学生主体性

在计算机专业任务驱动教学法中，教师和学生的角色均发生了转变，相应的教学理念也要有所改变。

首先，教师应认识到学习策略的引导比单纯知识的教授更为重要。任务驱动教学中应

以学生为本，指导学生掌握多种学习策略，学会学习。尤其因信息技术知识和操作技术升级更新速度较快，网络资源纷繁复杂，因而要及时将前沿知识补充到教学中，并让学生学以致用，使其真正明白学什么、为什么学、如何学等问题。教师也应积极参加各种培训学习，掌握全新信息技术知识，加强任务驱动教学方法的理论与实践，切实成为学生学习的激励者、指导者和辅助者。

其次，学生要主动转变思想，认识到自己才是学习的真正主体。计算机专业教学重在实践操作能力的培养，学生只有多动手进行实践操作，理论联系实际，才能真正掌握未来工作所需的信息技术知识和技能。因此，学生要主动更新学习方法，在学习过程中自觉运用任务驱动法；在注重信息技术专业学习成绩的同时，更应注重学习过程中各种能力的提升；要加强与同学、教师的交流，主动思索，不盲从于教师的讲解，要发挥任务驱动教学法的积极效应，以获得更快成长。

（二）注重实践，强化课外任务环节

计算机专业任务驱动教学强调做中学，尤其要强化设计课外任务，让学生在实践操作中学习知识。要鼓励学生进行课外阅读或课外实践，通过实践活动获得体验，在体验中感悟，拓宽视野，提升对信息技术的认识。一方面，可以开展丰富多彩的课外活动，提高学生对信息技术课程的学习兴趣，激发其内在学习动机。例如，开展网页制作比赛、编程能力大赛等，引导学生在实践中以信息技术为手段和工具解决实际问题，促使学生保持长久的学习动力，提升信息技术应用能力，培养职业素养。另一方面，可以组建信息技术课外活动兴趣小组，吸纳信息技术专长的学生加入，延伸课堂教学，巩固掌握的信息技术基础知识，熟练操作技能，利用网络学习平台积极主动获取最新信息技术知识和操作方法，鼓励学生积极参加中职技能大赛，开阔眼界，适应时代发展的要求。

（三）针对学生特点，合理设计教学任务

1. 强化任务设计与教学目标的内在联系

课前要对信息技术教材、教学大纲、教学目标、教学内容等进行详实而认真地分析与挖掘，进行计算机专业学生的学情分析，充分了解学生，收集大量资料与素材，按任务设计的特点划分各知识点。统筹兼顾，分析整体知识框架，明确当前教学内容的重要性，在任务设计时做到承上启下。各任务之间尽量衔接自然，张弛有度。精讲理论多操作，要使学校信息技术专业教学内容与相应职业资格标准适应，教师应设计与学生未来就业相关的任务，以提高学生的职业能力为导向，使学生真正形成岗位能力。

2. 注重任务选择与设计的生活性和趣味性

（1）进行任务选择时，要充分考虑学生现有的信息技术认知水平、能力结构及兴趣点，联系学生的生活实际寻找任务切入点，避免理论知识学习脱离实际，使学生在日常生活中能运用所学到的信息技术知识，从而积极主动地去完成教学任务，有助于学生知识的迁移运用。

（2）加强任务的趣味性，可以生动活泼的形式展现信息技术任务。任务活动设计的主题、任务解决的灵活策略等方面均要趣味化，使教与学在生动有趣的活动中统一起来，以取得良好的教学效果。学生对于有趣的任务，会更乐于探索和思考。

3. 突出任务设计的层次性和可操作性

在设计任务的时候要充分考虑学生之间存在的差异。由于学生生源状况复杂，学生对信息技术的学习态度、兴趣爱好以及接受能力有不同的表现。从学生实际出发，因材施教，根据教学内容的难易度、教学知识的抽象性，针对不同学习风格、水平层次的学生，可以设计不同难度的任务，给每个学生提供参与活动的机会，使学生均学有所得。

信息技术的实践性非常强，要注重任务设计的可操作性，让学生在实践中掌握知识、提升操作能力。同时，也要充分考虑学生在有限的条件和时间内完成任务的可行性，评估学生的实际信息技术水平，以及完成相关任务的难度，尽量多让学生亲自上机操作。

（四）加强教师主导，注重对学生的引导

任务驱动教学法强调以学生为中心，但由于学生身心发展不成熟、自主学习积极性不高，在信息技术学习过程中难免会遇到很多问题，这离不开教师的有效指导，因而对教师的要求更高。教师的主导作用不仅体现在传授信息技术知识、引导学生达到学习目标方面，还体现在引导学生掌握必要的学习方法以形成个性化的学习方式、创设情境、提供信息资源等多个方面。

首先，教师应在引导计算机专业学生建立信息技术知识理论体系的基础上，理论联系实际，挖掘能调动学习积极性和主动性的各种因素，多鼓励、启发学生，在学习过程中起到引导和帮助的作用。

其次，教师应营造一种寓教于乐的课堂气氛，建立融洽的师生关系。在师生互动过程中，注意既要有信息技术知识经验的交流，也要有情感的互动，让学生在课堂上保持充分的学习积极性；教学任务发布后，引导学生尽快进入探究学习状态。当需要小组成员共同参与讨论时，应密切关注学生的讨论情况。遇到个别学生实在无法自主解决问题的情况时，可

以给予适当的点拨，提供探究方法的指导；对学习中存在的共性问题，统一示范、讲解。对已经学习过或者教学内容相对简单的任务，可以完全交由学生自主完成；对于没有接触过或者较为复杂的任务，可以在教师的讲解下尝试分解任务，小组合作讨论以解决。

再次，教师应及时调整教学方案和控制教学进度，并不断学习，提高自身的信息素养，筛选出对学生有积极影响的信息，进行加工、合成，并传递教授给学生；对有负面影响的信息要坚决予以抵制，做信息社会的合法公民，言传身教，为学生做好榜样；同时也要指导学生学会信息选择、判断。面对网络中大量良莠不齐的信息，学会评价信息的好坏，促进身心健康发展。

最后，教师应考虑任务驱动教学法在计算机专业教学中的适用性。需要指出的是，不是每一节课都要应用该方法。要根据具体的教学内容，恰当地选择任务驱动教学方法，最大程度地帮助学生掌握信息技术知识，并学会科学有效的学习方法，以适应现代社会对信息技术专业人才的要求。

（五）重视合作学习，促进团队协作能力

划分学习小组时，教师既应对全班学生的信息技术知识有一定的了解，还要考虑学生个性、性别等因素的影响，恰当有效地分配学习小组，小组成员不宜过多或过少，最好4~6名学生组成一个小组，方便小组合作讨论等。营造小组内协作、小组间竞争的学习氛围，并由组内成员共同选出一名组长，可对各组长进行培训，发挥其带头作用，做好分配小组任务、组织成员讨论、制作汇报作品等工作。小组高效合作学习可以减轻教师的一部分负担，有时间和精力对个别学生进行针对性辅导，也可提高学生的自主学习能力和合作探究能力。

在小组活动中，可能有的学生不积极参与讨论，倾向独立完成；有的小组成员虽参与讨论，但内容与完成任务无关；有的学生缺乏细致深入思考，急于与别人交流讨论，导致小组合作流于形式。针对这些情况，教师要及时与各组组长沟通，尽力提高每位组员的参与积极性，齐心协力使小组交流讨论富有深度，引导小组讨论朝着正确的方向进行。

学生以小组为单位完成任务时，应细化任务要求，探讨出解决任务的思路、方法和步骤等，将任务分解成一个个子任务。每个学生领取各自的任务，子任务完成后，再综合完成整个任务。教师密切关注各个小组的学习活动，发现普遍存在的问题，适时地加以指导。引导学生注意观察，学习他人比较好的解答思路、方法、技巧等，促进小组成员间有效地沟通与合作，培养社交能力。

此外，尽量多地为学生创造实践合作的机会，通过小组合作学习，促进学生个体之间

进行更好地相互交流、相互学习，培养主动参与意识，提升自主学习能力、团队精神和协作能力。

（六）完善评价机制，实施多元评价方式

注重完善评价机制，采取多元化、开放性的评价标准进行教学评价。

1. 注重使用激励性评价

对学生多进行积极的评价，善于发现每个学生的闪光点。学生的信息技术基础不同，完成任务的进度和最终作品可能各有差异，但对积极参与教学活动的学生都要给予鼓励，善于捕捉他们的进步，表扬其在完成任务过程中的勇敢表现。当优秀学生创造性地解决问题时，在肯定其成效的基础上可提出更高要求，激励其继续努力学习；当学生按时完成任务后，应进行激励性评价，使其体验到成功的快乐，树立自信心，以保持强大的动力学习后续知识。

2. 注重评价的综合性和多元性

（1）注重计算机专业任务驱动教学活动评价的综合性。要从多个角度进行评价，可以对学生掌握的信息技术知识状况进行阶段性测试，以了解采用新的教学方法后学生的基础知识和技能的学习效果，了解该教学方法的优劣之处，并在后续的工作中及时进行调整；也可以评价学生主动学习的态度、在小组合作中沟通交流的体验等。

（2）评价的主体也要多元化。可以是学生自我评价，评估自身在完成任务过程中的表现，分析优缺点，对自己有明确的定位，以此培养学生分析问题、总结问题的能力；可以进行学生之间的互评，让其学会比较、思考，相互沟通交流，锻炼表达能力，互相启发、促进；可以是教师评价，使学生从另外的维度了解自己的作品；也可以使各种评价相互结合，更全面地对学生的学习情况进行评价。

3. 注重学习过程的评价

在计算机专业任务驱动教学法实施过程中，不仅要注重评价最终任务作品，还要注重对学习过程的评价，观察并记录不同学生表现出的学习态度、合作能力等的具体表现，评估其学习积极性是否有所提高，合作交流意识和能力是否有所增强，学习方法是否有所改善等，并对此作即时性评价。既要加强过程性评价，也要注重结果性评价，最大程度确保评价结果的全面、客观，真正促进学生信息技术专业能力的全面发展。

第二节　计算机课程教学中的有效教学法

一、有效教学的解读

随着科学思潮的影响以及心理学特别是行为科学的发展，人们意识到，教学也是科学，即教学不仅有科学的基础，而且还可以用科学的方法来研究。于是，人们开始关注教学的哲学、心理学、社会学的理论基础，以及如何用观察、实验等科学的方法来研究教学问题，有效教学就是在这一背景下提出来的。

有效教学是指教育过程中的一种方法或实践，旨在最大程度地促进学生的学习和理解，使他们能够获得深刻的知识、技能和能力。对于学校计算机专业教学而言，其有效性包括了学生在原有基础上有所进步或发展，以及实践操作技能与应用能力的发展两个方面的标准。计算机专业课堂教学有效性是指教师遵循计算机专业课堂教学活动的客观规律，在课堂教学规定的时间内，能够合理运用教材，采取恰当的教学方式方法，营造健康和谐的学习环境，激发学生的学习动机，促进学生主动参与，自主探索、合作交流，获取信息技术知识，同时培养学生创新性地使用信息技术的精神和实践能力，形成良好的信息情感、态度和价值观，从而促进学生全面健康发展的教学。

二、计算机课程有效教学的要点

计算机课程的有效教学是为了确保学生能够充分理解计算机科学和技术领域的知识，培养他们的计算思维和问题解决能力。在构建一个有效的计算机课程时，需要考虑以下一些要点：

第一，清晰的教学目标和学习成果。一个有效的计算机课程应该明确定义学习目标，确保学生知道他们学习的是什么、为什么学以及如何评估他们的学习成果。这有助于激发学生的学习动力和集中精力在关键概念上。

第二，互动性和实践经验。计算机科学是一门实践性很强的学科，教学应该包括互动性和实际的编程、项目和实验，以帮助学生应用他们所学的知识。这可以通过小组项目、编码挑战和实验室课程来实现。

第三，个性化的学习。不同学生在计算机科学领域的知识水平和兴趣方面存在差异。一个有效的计算机课程应该考虑到这些差异，提供不同水平的任务和项目，以满足学生的需求，这可以通过分层教学和个性化学习计划来实现。

第四，应用多媒体和技术。计算机科学的教学应该充分利用多媒体和技术工具，如在线模拟、虚拟实验室和交互式教材，以增强学习体验，这可以使抽象概念更具体，帮助学生更好地理解。

第五，鼓励批判性思维。计算机课程应该培养学生的批判性思维能力，使他们能够质疑、分析和解决问题。这可以通过让学生解决实际问题、进行项目研究和参与讨论来实现。

第六，实时反馈和评估。及时的反馈对于学生的学习非常重要，计算机课程应该包括定期的测验、作业和项目，以便教师能够评估学生的进展并提供有针对性的反馈。

第七，跨学科融合。计算机科学与许多其他领域相互关联，有效的计算机课程应该考虑到这些关联，例如计算机科学与数学、物理学、生物学等的交叉点，这有助于学生将计算机科学应用于不同领域的问题。

第八，关注伦理和社会责任。计算机科学的教育不仅仅关乎技术，还涉及伦理和社会责任。一个有效的课程应该教授学生如何在技术领域中行使道德和社会责任。

第九，专业发展机会。鼓励学生参与计算机科学社区、实习和项目，以加强他们的职业发展和实践经验。

第十，不断更新的内容。计算机领域变化迅速，一个有效的计算机课程应该定期更新内容，以反映最新的技术和趋势。

综上所述，一个有效的计算机课程应该注重学生的学习体验，提供实际的实践经验，并培养综合的技能和知识，以使学生在计算机科学领域取得成功。同时，这些特征也有助于培养学生的批判性思维、创新能力和伦理意识，以应对日益复杂的技术挑战和社会需求。

三、计算机课程有效教学的对策

（一）做好备课环节

要上好课必须先备课，备课关系着教学质量的好坏。要达到课堂教学有效性的满足，就必须做好备课工作。计算机应用基础课是一门以操作为主的技能课，在备课过程中要以教育学、心理学中的有关规律为切入点，在了解学生学情的基础上，结合现实生活中的例子做好备课工作。

1. 重视课堂导入，创设教学情境

导入是课堂教学过程的重要组成部分，学生往往会对新的一堂课充满期待和向往，所以课堂一开始是整堂课的重要时机。教师要善于把握好这几分钟时间，吸引学生的心，也就是课堂的导入要尽可能做到科学性、艺术性、趣味性，使课堂的教学效果取得事半功倍之效。要让课堂生动有效，必须发挥教师的想象力与创造力，挖掘教材中的闪光点，与生活中的例子相结合，让学生既能觉得例子很熟悉，提高学习的兴趣，又能保证教学的有效性。用学生熟悉的、感兴趣的、贴近他们实际生活中的事例来导入，能唤起学生学习的兴趣，使学生感受到生活与信息技术知识的密切联系，变传统的"纯技术教育"为"信息化教育"，使计算机应用基础课富有浓厚的生活气息，让学生明白不是为了技术而学，而是为了生活中的使用而学。

2. 整合学科教学，提高学生信息素养

计算机应用基础教材种类很多，但在其内容上区别不大。如果照本宣科，由于学生计算机技能水平的差异，学生对于教学内容根本提不起兴趣，课堂教学也就毫无效率。新课程强调信息技术学科的整合，这是个系统的长期的过程。教师应该在平时的课堂教学过程中逐渐渗入整合意识，积极营造信息技术在学科中的应用氛围，因此，在信息技术教学设计过程中，教师不能从单纯技术教材出发去分析教材，而应注重学生所学技术在实际中的应用角度去分析教材。

（二）做好课堂实施环节

1. 激发学习兴趣，提高自主参与意识

素质教育的实施主要是通过课堂来实现的，课堂教学主要是进行知识传授、能力培养以及提高学生素质，其效果主要在于学生的参与程度，程度越低即使教师教授得再好，学生也难以吸收并掌握，因此要有意识地培养学生的参与意识，使学生更加自主地进行学习，让学生真正做课堂教学的主人。

在计算机应用基础课堂教学中，在营造和谐的教学氛围基础上，充分培养学生的参与意识，让学生积极主动地参加到学习中来，具体措施如下：

（1）根据计算机应用基础的不同内容，选好切入点，激发兴趣，引导学生主动参与探求新知的活动。在实施计算机应用基础教学时，教师应尽量利用真实或创造较为真实的情境，设计生动有趣的导入，结合生活中的例子，使学生认识到周围的生活跟学计算机密切相关，提高学生的学习兴趣。

（2）巧用错例资源，多提问，提高学生的主动参与意识。计算机基础课程不同于其他学科课程，因其技能性比较强，因此大部分课都在机房完成。机房环境不同于教室，因其每人一台电脑，教师在讲课过程中也是面对电脑，眼神很难顾及每一个学生。教学中，如果总是教师讲、学生听，没有提问或者是提问环节特别少，不仅学生情绪容易疲劳，懒于思考，也容易养成上课就等着教师教的依赖心理。这样学生在思想上就没有紧迫感，对所学知识只会被动地接受，不会主动地参与到学习中去，且容易产生少部分学生课堂上睡觉的习惯。如果教师在上课过程中多提问，巧用错例资源，在问题的驱使下，学生在思想上就会有紧迫感，学生上课睡觉的习惯也会逐渐消除，让学生能够积极主动的参与学习中来。

2. 运用恰当的教学方法，提高课堂教学效率

计算机应用基础课不断适应着社会的要求，因此，在计算机应用基础课教学中，经过大部分教师的教学实践，多采用"案例教学法"和"任务驱动教学法"相结合的教学方法，取得了很好的教学效果。"案例教学法"和"任务驱动教学法"是一种适合计算机基础课教学的方法，有利于调动学生的学习积极性和主动参与意识，培养他们的团队合作精神和创新能力。计算机应用基础教学要从实际出发，任何知识的学习离开了实际就会很空泛、很乏味。因此，课程教学需要以丰富而又真实贴近学生生活需要的案例作为基础，激发学生的学习兴趣，掌握计算机方面的技能。

3. 融洽师生关系，营造和谐课堂气氛

建立融洽的师生关系是计算机课程有效教学的关键之一。一个和谐的课堂氛围可以激发学生的学习兴趣，提高他们的参与度。为了实现这一点，教师应该积极倾听学生的问题和观点，关心他们的学术和个人需求，并为他们提供支持。教师还应该鼓励学生彼此尊重和合作，以建立一个相互尊重的课堂环境。这种和谐的师生关系可以提高学生的自信心，使他们更愿意提出问题和分享他们的想法，从而促进更深入的学习和理解。

4. 少讲多练，重视在实验练习中提高技能

计算机课程的有效教学应该侧重于实践和实验练习，而不是仅仅依赖于教师的讲课。学生通过实际操作来提高他们的技能和理解，这有助于加深他们对计算机科学概念的理解。教师应该设计各种实际案例和项目，以鼓励学生运用所学知识。这些案例和项目可以模拟实际情况，让学生在真实环境中解决问题。此外，教师还可以鼓励学生在小组中合作完成项目，以促进团队合作和沟通能力的发展。通过这种方式，学生将能够将他们的技能应用到实际工作中，为他们未来的职业做好准备。

5. 引导学生采用"笔记"+"操作"的学习方法

在计算机课程中，学生应该养成"笔记"和"操作"的学习方法。这意味着他们不仅要通过记录重要的概念和知识点来强化记忆，还要通过实际操作和练习来加深理解。教师可以鼓励学生在课堂上做详细的笔记，记录重要的概念、代码示例和解决问题的方法。同时，他们还应该鼓励学生将这些概念应用到实际的编程练习中，以确保他们真正理解了所学的内容。这种综合的学习方法有助于巩固知识，使学生在面对实际问题时更有信心，同时也促进了他们的问题解决和创造力发展。

6. 提倡鼓励学生自学，协作学习

计算机应用基础课程的内容主要聚焦于实际操作，而相对较少强调理论方面的知识。教师应当深刻认识到这一教学特点，并运用之，以启发和引导学生积极亲身体验，而不是仅仅通过直接讲解知识点来传授。由于现代信息技术的广泛普及，学生早早便接触到计算机应用的基本概念。因此，在教授计算机应用基础课程时，教师不应忽视学生已有的计算机技能水平，而应鼓励他们主动参与学习，避免过度演示和讲解，以免引发学生的失望和不耐烦情绪。

在教学过程中，教师可以事先告知学生学习任务，并允许他们根据学习目标和任务自主选择学习方法。这种方法既可以减轻学生的傲慢情绪，也能够有效地评估学生的学术水平，从而更好地确定教学重点。

此外，教师还可以鼓励学生在自主学习的同时积极合作学习，以提高在有限时间内达到教学目标的效率。为了实现这一目标，可以采用分组的方式，将知识水平相对较高的学生担任小组的负责人，负责解答遇到的问题。在小组内部进行讨论，将无法解决的问题带入全班讨论，以促进知识的共享和学习水平的提升。

（三）做好课堂评价环节

对学生的学习进行评价是教学活动中的重要环节，计算机应用基础作为一门走在新课程改革前沿的学科，应该坚持以学生的发展为本的原则，建立一种合理、有效，能够激励学生学习的评价方式。

在目前的计算机应用基础教学应该关注培养学生的信息技术素养，主动发展学生自我学习的能力。因此，在教学评价的功能上就要侧重调动学生学习计算机基础知识的积极性，从不同的角度客观评价学生学习计算机基础的表现，提高学生的学习积极性。

计算机应用基础课作为一门技能课，它更多地突出让学生去亲身体验、去亲身实践。

所以，在计算机应用基础的教学评价中，应该更多的关注学生的学习活动过程评价，而非单一作业结果评价。采用的评价方式主要有三种：学生的自我评价、学习小组的互相评价和教师点评，也可采用自评、互评、师评等方式相结合。反馈的获得需要教师和学生不定期地进行深层次的沟通，可以做一些问卷调查，了解学生对课堂教学的建议，及时改进教学方法，提高教学效率。

第三节 计算机课程教学中的项目教学法

一、项目教学法的解读

项目教学法又称基于项目的学习，项目教学法是行动导向教学法的一种，以行动导向为特征的教学法，其强调做中学，解决"怎么做"，"怎么做更好"的问题。虽然项目教学法的中英文的名称各异，但其核心思想是一样的，其教学模式、教学方法、教学策略都是一致的。

计算机课程中运用项目教学法，是教育理论与项目教学法理论的高度融合，应体现高等教育的特点和项目教学法的特点，项目教学法是真正实现"教、学、做"一体，也适合开展高等教育包括高职教育"工学结合，深度融合"教育思想，是计算机课程行之有效的教学策略、教学方法、教学模式。计算机课程项目教学法就是针对计算机专业的培养目标和学生的特点，在计算机课程教学过程中以实际的计算机工程项目为对象，开展计算机课程项目教学法的理论与实践。在教师指导下，学生自己运用所学知识和技能，亲手实施完成一个完整的实践项目，在具体的工作情境工作任务中解决实际问题，提高学生综合职业能力。

二、项目教学法的特征与目标

（一）项目教学法的特征

1. 项目教学法与传统教学法的比较

传统教学的三个中心是"以教师为中心（主体），以课程为中心，以课堂为中心"，是一种以知识为本位的、机械性的记忆式教学。知识作为现成的结论传授给学生，学生是被动接受者，不是积极主动学习者，缺乏实践机会，缺乏对学生主体性和探究性的培养。

项目教学法的新三个中心是"以学生为中心（主体），以实践、探索为中心，以项目活动为中心"。项目教学法有很强的实践性，要求学生研究项目题目，制作项目计划，借助多种资源开展探究学习，解决问题，完成项目，并对自己的工作反思和评价。在完成项目过程中主动建构知识，获得相应的知识、技能和实践经验，培养学生的各种能力，从而将知识转化为能力。项目教学法与传统教学法在教学形式、学习内容、教学目标、交流传递方式、参与程度、激励手段等方面有较大不同。

2. 学校教育中项目教学法的特征

学校教育中的项目教学法是指在教师指导帮助下，学生以个体或小组的形式创建一个完整的实践项目而进行的一系列教学活动。学生运用所学知识，在具体的工作情境下亲手制作设计产品，解决实际工作问题。学校教育中项目可以是设计与制作一件产品、编写一个程序、制作一个网站、排除一个故障、提供一项服务、解决一个问题。学校教育中项目教学法有以下特点：

（1）教师成为教学的组织者、监督者和协调者。项目教学法中学生是主体，教师由主体地位变为主导作用，教师由台前转到了幕后，对教师提出更高的要求，还增加了教师工作的强度。在项目选择上要求教师有较多的创造性思维和实践经验，在项目实施和成果展示评价阶段要求教师具有良好的组织、沟通和协调能力。

（2）以项目为载体开展教学活动，最终目标是培养学生的综合职业能力。项目教学法不是孤立于整个专业或学校教学之外的教学活动，通过完成项目来提升学生就业竞争力、可持续发展能力和综合职业能力是项目教学法的最终目标。教师要从各方面充分思考，使项目教学法具有更加明确的目标取向，避免出现"为项目教学而项目教学"的不良状况，虽然教学的整个过程都是围绕完成项目而展开的，但项目只是完成教学目标的载体，并不是其最终目标，最终目标是培养学生的综合职业能力。

（3）通过创设真实或仿真的实践情境培养学生职业能力。职业本位观决定了学习阵地必须以实训场所为主，以工作任务的真实内在结构作为课程结构。根据计算机学生未来职业定位、根据学生将来的职业及其真实的工作任务应用到的内容来开展项目教学法，构建一个能够促进学生职业能力的真实的或仿真的学习阵地，让学生在真实情境中激发学习动机。在工作情境背景下根据岗位需求，以工作过程为基础，以项目为主体，加强培养学生的职业能力。单纯任务驱动法和案例法很难提升学生的职业能力。

（4）需要综合多学科知识和技能来完成项目。项目课程需要依托一定的课程支撑，部分项目任务内置于某一课程之内，一般放在该课程结束后作为该课程的后续延伸活动，加深课程内容的理解，达到学以致用的目的。大部分项目教学法开展要融合到综合课程，项目任务需要一系列前导课程支持，这就需要综合运用多学科知识和技能，创设工作环境、以项目为载体，连接知识与工作任务，对知识和技能重新融合和建构。

（5）项目实施过程以个体或小组形式由学生自主完成。学生是自己项目完成的负责人，以个体或小组形式，根据项目的复杂程度和项目的大小自行制定项目计划、实施项目、积极主动进行项目探究，最终完成项目上交作品。学生在完成项目过程中培养了学生独立解决问题的能力，合作、沟通协调能力。

（二）项目教学法的目标

目标是人们对某一实践活动的结果所呈现的具体状态、水平、程度的设定。目标既是一切实践活动的出发点，也是一切实践活动的归宿，对实践活动具有很好的导向、激励、调控的作用。教学目标是指教学活动实施的方向和预期达成的结果，教学的过程就是达成教学目标的过程。项目教学法借助电脑、网络等高科技为依托的仿真技术，使学生在模拟逼真的工作环境中训练职业技能，甚至可以直接从社会、生活和企业中得到锻炼，实现所学与所用的良好对接。其核心追求目标是：不再是知识的简单传递，而是在教师的指导下，学生自主探索学习寻求解决问题的办法途径，最终制作作品、展示作品和自我评价，学习的重点是学习过程和这个过程中锻炼学生的各种能力。

在项目教学法实施过程中，教师帮助学生独立探索学习，在实践中发现新知识、掌握新知识和新技能，培养了学生的综合职业能力。综合职业能力是指一个人在从事职业活动和职业发展中的全部主观条件，而非简单完成某项具体工作的单一技能，内容上包括方法能力、专业能力、社会能力，这三方面是作为一个有机整体综合发挥作用，任何一个孤立的能力都难以完成职业活动。通用能力是指当一个人职业发生变更或工作单位发生变化时，综合职业能力依然存在，能重新获得新的知识或技能。

1. 提升学生的个人能力

项目教学法是一种教学方法，通过让学生在实际项目中运用知识和技能，来提升他们的学习和个人能力。这种教学法有助于学生在实际问题中发展和提高他们的核心职业能力，如可靠性、终身学习的准备、忍耐和负荷能力、细心、专注、承担责任和独立性、批评与自我批评、创新性和灵活性。通过项目教学法，学生不仅仅是被动地接受知识，而是积极参与实际任务，这种教学方法可以更好地为学生提供应对职业挑战所需的技能和素质，帮助他们更好地准备进入职业生涯。

2. 提高学生的方法能力

方法能力是指从事职业活动所需要的工作方法及学习方法，包括学习能力、判断与决策能力、信息能力、创造能力、计划能力等，属于核心职业能力。

（1）促使学生主动参与学习过程，提高自主学习能力。项目教学法以项目为载体和中心，在教师的指导下学生自主探究完成项目制作，遇到困难和问题学生能够自主查阅资料，自主解决，培养自主学习意识和能力。项目教学法实现师生角色的换位，教师转为"配角"，学生转为"主角"，充分调动和发挥学生学习的主动性、积极性。主张先学后教、先练后讲，强调学生主动参与学习过程，强调学生自主学习，从做入手，通过多个真实项目实战，不断获得成就感，增强自信心，激发求知欲，培养独立探索、勇于开拓进取的自学能力。

（2）分析问题和解决问题的能力。项目教学法是学生在教师指导下，自主探索学习，巩固新知识，实际操作训练，在发现问题、解决问题的过程中获得实际工作能力。其优势和重点在于鼓励学生对知识活学活用，创造有用的产品，培养学生的分析问题、解决实际问题的能力。

（3）信息接收与处理能力。为了完成项目，学生需要使用电脑、网络、图书馆等相关资源搜集素材，强调学生能快速检索网络资源并学会独立地寻求新的信息，并与他人进行交流、分享，并使用电脑加工信息，总结、归纳结论，这就要求学生掌握信息设备与软件的使用，进行网络学习，将当前的学习与网络课程资源的开发有效地结合起来，从而促进学生信息接收与处理能力、信息技术素养。

（4）培养学生创造能力。应用项目教学法不是对知识的简单复现，而是创造性地解决问题或创造出新颖独特的产品，要求学生多角度、多方面思考，进行发散性的思考，培养学生以发散性为主要特征的创造性思维能力、适应并应对复杂情景能力、自我导向能力、好奇心、创造性、冒险能力、高层次思维和合理推理能力。

3. 专业能力

专业能力是指从事职业活动所需要的专门知识和技能，属于基本职业能力。应用项目教学法的目的就是培养学生的专业知识、社会知识、跨学科的知识、隐性知识；培养学生专业的业务技能；培养学生学习知识、运用知识、检验知识、发展知识，以及动手实践的能力。

4. 社会能力

社会能力是指从事职业活动所需要的行为规范及价值观念以及处理社会关系的能力，包括协调能力、交往能力、责任意识与责任能力、社会责任感、合作意识与合作能力、适应能力、表达能力、心理承受力、职业意识、社会意识、国际意识等，属于核心职业能力。

（1）培养学生的有效沟通能力。有效沟通能力包括团队精神与协作能力、责任意识与责任感、人际交往技能、合作意识与合作能力、互动沟通技能等。项目教学法要求学生组成项目团队协同努力、众志成城、合作解决项目问题、创造项目产品，能解读调节自身与他人的情绪、优势与局限，确保项目顺利进行。

（2）培养学生的合作意识与合作能力。项目的完成需要项目小组协同工作，学生之间相互沟通、相互理解、相互合作、相互支持，培养学生的团队合作精神和态度、合作能力和技能。通过项目学习，学生最终将成为愿意合作也善于合作的个体。

（3）交流表达能力。在项目学习过程中，小组内学生就项目问题及时沟通交流，还要向教师、企业专家请教交流讨论，在项目结束时，学生撰写项目报告，向同学、教师展示项目成果并答辩，无形中锻炼了语言组织能力和交流表达能力。

三、计算机课程中项目教学法设计的要求

知识和能力不是教师在教室中教出来的，是学生"做中学"练出来的。传统的计算机课程存在着学生被动接受知识、无法在现实中学以致用等各种弊端。在计算机课程实施项目教学法，教师要精心地进行教学设计，教师和学生的角色也要适应项目教学法进行重新定位，还要做好项目教学成果的规范。

（一）计算机课程项目教学法教学设计

1. 项目教学法教学设计的原则

计算机课程项目教学法是以学科体系为驱动力的项目开发，教学设计要以教学项目的选择与设计为基础，项目教学法实施的组织和项目设计要遵循以下四项原则：

（1）以学生为中心的原则。项目教学法的主体和中心是学生，教师起主导作用，要考虑学生的现有知识水平和实际技能，要让学生动手做，要激发学生的学习兴趣。

（2）以实践为中心的原则。项目教学法就是把实践引入到计算机课程教学中，使学生通过实践来掌握知识和技能，要充分考虑到学习过程的实践性、项目内容的实践性。

（3）开放性原则。项目的开发过程是多元的、循环的、开放的。项目的开发是教师、学生、企业人员等多方共同参与的过程，项目开发还是一个循环的过程，项目完成后还要反思和重新修订，项目内容、问题解决过程和方法允许多样化，给学生创造性发挥留有余地。

（4）适度性原则。项目教学法在计算机课程教学上不是万能教学法，也不是适应于每

个知识点，更不是适用于每一节课，在运用时要扬长避短避开各种限制性条件，追求项目教学法实施效果的最大化。项目任务的选择和开发还要考虑其实施所需的各种资源条件，比如时间、场所、教师、学生、实践资源、费用等。

2. 项目教学法学习环境的建设、技术与资源支持

（1）项目教学法学习环境建设。随着建构主义学习理念的兴起，教学设计的重心逐渐转向"学习环境设计"，注重学习环境的真实性与互动性。项目教学法学习环境与传统的学习环境相比有着本质的不同。项目教学法的学习环境是由学习者、项目和资源工具构成的共同体。项目教学法的学习环境建设策略概括为针对项目任务的真实性策略、针对资源工具的支持性策略和针对学习者的交互性策略。

第一，针对项目任务的真实性策略。真实性策略包括设计真实的项目任务、建设实训中心和创建实践共同体。设计真实的项目任务是指把真实工作中的真实工作任务设计成项目，按照计算机专业岗位群对各层次岗位的要求，制定贯穿各课程的实训项目，根据学生将来的职业真实的工作任务应用到的内容开展项目教学法。教师要深入企业调研和学习，到专业对应岗位寻找项目，项目来源于企业真实的计算机工程项目，这样可以保证学生体验到未来职业岗位中的真实工作任务。要对项目进行科学整合，保证每个项目的典型性、系统性和完整性，众多项目形成的项目群覆盖整个计算机专业的培养目标。

第二，针对资源工具的支持性策略。支持性策略是指给学生提供丰富的学习资源，帮助学生选择合适的技术工具。学习资源是指一切能够帮助教与学的有形和无形资源的总和，主要指支撑教学过程的各类软件资源。项目教师要为学生提供与项目有关的各种学习资源，包括讲授性的课程资料、相关文献资料库、数据库、相关案例库、离线学习资源、学生作品集等，可以是本地资源，也可以是相应内容的外部链接，要教会学生从网上获取这些资源。技术工具包括信息技术、网络技术、多媒体技术和现代教育技术等，目的就是让学生利用信息技术工具去学习，教师提供工具促使和帮助学生组织和建构知识。

第三，针对学习者的交互性策略。交互性策略就是指创建互动的学习共同体。计算机课程项目教学法由学生和助学者（教师、管理人员、技术人员、专家）共同构成互动的学习共同体，一起沟通交流、分享学习资源，共同完成项目任务。在学习共同体中学生可以与同伴或远程同伴互动实现协作性的知识建构；可以与助学者沟通互动获得一定的支持帮助。

创建互动互助的学习共同体要从多方面着手。学习中心应有一个相对大点的空间使全班同学能聚在一起，用于教师讲解、演示、布置项目，学生讲演、演示作品，还应有一些相对小些的空间便于小组学习和活动，倡导多样化的座位排列，马蹄型或新月型的座位安

排使学生讨论时能看见其他人，圆形座位排列适合讨论和交互学习。计算机机房要能上互联网，并安装多媒体教学软件具有演示功能。

（2）项目教学法技术与资源支持。项目教学法中纳入现代教育媒体必能如虎添翼，教学效果大增，培养学生网络时代应具备的综合能力。现代教育媒体包括硬件和软件两部分，硬件指装备或设备的机件本身，如计算机、校园网、多媒体教室等；软件指教学内容、教学软件、多媒体课件包等。网络不仅是学习的一种途径，也是一种学习资源和学习环境。以多媒体计算机为核心，网络为背景的现代教学媒体为项目教学法提供了良好的技术背景。主张开展基于专题学习网站的项目学习，提供与项目主题有关的大型资源库，借助于多媒体计算机和网络技术来完成项目教学活动。

3. 项目教学法中项目小组的管理

项目教学法开展的主要形式就是小组合作学习与实践，小组的划分与有效管理是项目教学法成败的关键。教师在充分了解学生的基础上，摸清学生目前的知识结构，高中或中专学习阶段计算机课程掌握的程度、个体差异、兴趣爱好和能力合理搭配小组成员，小组成员之间优势互补，适当控制小组的结构规模，保持一种动态平衡，可以是 2~3 人组，也可以是 4~5 人组，小组规模控制在 2~6 人为宜，最常用是 4 人组。将不同层次的学生分组，保证每组由优、中、后进生组成。

（1）科学分组。按计算机工程项目开发的生命周期来分组，将学生按系统分析、设计、实现、测试的角色分成 4~6 人的开发团队。根据经验分组的原则是允许学生自由结组，同学关系融洽适合小组合作。弊端就是学习好的学生自然结成一组，学习不好的学生自然结成一组，成绩差的组因能力差和积极性差，很难保质保量地完成项目任务。这时教师要对学生分组适当调整，让学生自由组合结成 2 人小组，教师再根据学生能力、学习成绩和性格组合成 4~6 人的项目小组，既保证组内每个学生都有一位要好的伙伴，又能使好学生督促帮助差学生，组成优势互补的项目团队。

（2）科学管理项目小组。小组成员确定后，要选出项目组长，也叫项目经理，是小组活动的召集人和管理人，是小组意见的整理人和反馈人。小组中要有明确合理的分工和合作，避免出现小组中个别成员承担大部分甚至全部工作、而某些成员一点工作不做的"搭车"现象。教师要通过观察和询问及时了解和监控各个小组的工作情况，指导小组成员如何沟通与交流，指导如何克服困难如何解决问题，提供技术指导和帮助。实行每周例会制度，保证小组有充分时间交流。实行阶段评审制度，对计算机项目的需求分析、软件设计、模块开发、集成测试等关键阶段的里程碑任务及时汇报。

（二）项目教学法师生角色的重新定位

1. 项目教学法教师角色的重新定位

开展项目教学法的计算机教师要给自己进行重新定位，教师的任务丝毫没有减轻，而是比传统教学中的任务更重了。计算机教师应根据项目教学法的特点调整自己的角色，实现工作方式的根本转变。

（1）项目教学法的研究者。计算机课程项目教学法还处于探索实践阶段，还没有形成适合它的成熟的理论体系，尤其缺少应用到具体课程中可操作的东西，教师缺少项目教学法经验，缺乏软件公司的软件编程和测试的实践经验。教师要研究和掌握项目教学法的理论，使其符合本地本学校计算机课程的特定需要，根据计算机课程的特点和学习规律给予合理运用，并对项目教学法的理论和实践进行总结和提炼，形成特色化的计算机课程项目教学法理论，掌握其所需的各种科学手段与工具。

（2）项目课程的开发者。项目教学法是高于传统课堂教学的一种教学模式或教学方法，专业教师要潜心研究教材和教学大纲，与软件企业专家合作开发适合项目教学法的校本教材、实训项目指导书及素材、项目化素材包、项目教学法实施案例。采用挂职锻炼的方式，每学期都选派专业教师深入计算机软件企业，接受企业培训，参与软件公司项目开发，使教师熟练掌握开发工具、测试技术、工作流程，将企业真实计算机工程项目转化为教学项目，增加计算机项目课程开发能力，使开发出来的课程在实际操作中能真正实施到位。

（3）项目教学法素材知识库的建设者。现在的项目化电子资源构建体系远不能满足项目化教学需求，在相当长的时间内现有电子资源仍是高校、高职学生项目拓展学习的主要来源。要维护好原有电子资源，探索二次开发，加强现有电子资源的整合，提高访问便利度，开发适合项目化教学的校本特色电子资源。项目教学法教师要积极筹建项目教学法素材知识库，包括课程学习资源库和内部知识库。课程学习资源库包括在线项目课程资源、计算机工程项目案例、计算机工程项目作品、视频资源、答疑、专题学习网站、专题讨论区等学习资源，作为学生正式学习的内容。内部知识库包括文档资料库、维基百科、电子图书馆、"知道"系统、博客、开放讨论区、知识搜索引擎等，作为学生非正式学习的内容。

（4）学生的导师和顾问。在项目教学法中教师由"主体"转变为"主导"，主要包括引导、指导、诱导、辅导和教导。教师运用启发式教学建立教师和学生双向交互的教与学通道，启发引导学生认真思考项目中体现的计算机工程领域和软件开发的问题。需要强调的是教师的"导"是在学生有需要的时候才给予提供的一种较含蓄的、间接的"导"。除了面对面的指导外，应该在专题学习网站或其他学习网站上提供教学辅导资料。作为技术顾问，教师为学生提供相应的学习资源、计算机工程和软件开发的规范、方法和技巧，指导学生计算机课程项目的实施按项目规划、迭代开发两个阶段进行。

（5）信息的咨询者。项目教学法中学生始终处于主体地位，教师只是给学生一些帮助、指导和建议。围绕项目教学法主题，教师重点是教会学生寻找、筛选、联系和运用各种信息，对收集的信息进行归纳总结，教会学生搜寻获取相应的教学资源、材料来支持学生主动探究完成项目。教师要积极寻求机会深入计算机相关企业锻炼，学习计算机相关工程的实践经验，熟悉计算机职业实践、计算机软硬件工程工作过程、工程规范等，以便在学生需要咨询帮助时给予指导。

（6）团队协调者。项目教学法要求小组成员协作共同完成，计算机工程项目更注重团队合作与分工，项目制作过程教师要就遇到的各种困难和障碍及时帮助和协调。另外计算机课程项目教学法中的项目涉及多个学科的知识综合运用，这就要求多门课程教师共同设计实施完成项目，这也要求教师具有良好的沟通协调能力。

2. 项目教学法学生角色的重新定位

调动学生的主观能动性是项目教学法的主旨，教师是"导演"，学生是"演员"，是真正的主体，是知识与能力的自我建构者，学生之间是相互交流和协作的关系。要求学生必须改变传统的学习理念、态度和方法，学生的角色要与企业员工角色相结合，学习的内容要与职业岗位的内容相结合。教学过程中调整学生角色为主动学习者、探究者、协作者、实践者和评价者。

（1）学生是主动学习者。学习是学生的天职，传统教育中学生是"受教育者"角色，突出的是单向、从属、被动承受之意，在项目教学法中学生是"主动学习者"，强调主动、自发地学习。计算机课程项目教学法选择实际工作岗位的工作任务作为项目展开教学，学生始终是学习的主体，是自己学习的主人，是自主学习。通过项目完成，掌握了计算机应用、软件开发或软硬件管理等实践性很强的工作能力，为学生将来走向企事业单位工作做好技术上的准备。

（2）学生是探究者。在计算机软硬件工程项目的实施过程中会遇到各种困难和问题，学生从被动接受到主动探索学习，发现问题，提出问题，寻求解决问题的方法和策略。学生通过查资料、做试验、假设和求证，充分体验探究、决策、运用问题求解策略，最后得出结论。学生的探究只是科学研究的思维方式、研究方法在教育学习中的具体应用，所以探究不具备严格意义上的规范性。项目的设计要适当给学生"留白"，留给学生自己创造的空间，学生创造的平面作品、动画、网页等不要求千篇一律，要体现个性，只要学生把学到的知识和技能在作品中体现出来就行。

（3）学生是实践者。计算机课程项目教学法"从教师那里听"转变到"从实践中做""从实践中学"，能使教学理论与实践找到良好结合点，强调学生通过亲身实践获得直接体验。将学生的学习目标定位成将来工作岗位目标，在计算机工程项目实践中学习实事求是的科学态度、严谨认真的工作作风、良好的职业道德、团队协作意识、质量意识、规范的企业编程风格与习惯、良好的程序排错能力等。

（4）学生是协作者。项目学习是以小组或群体的方式进行协作学习，小组在教师的指导下设定明确的项目目标，制定详细的项目计划，小组成员既有分工也有协作，展开交流讨论，实现知识和技能的共享和提升。学生除了小组内交流协作，还会与其他小组成员、教师、专家或网络同伴交流协作，培养学生的合作意识和团队精神。最终项目成果的展示、汇报也是一种协作与交流。

（5）学生是自我评价者。诊断性和反思性是建构主义学习理论的核心特征，项目教学法作为一种建构主义学习也不例外。学生作为评价的主体，要以个体或小组为单位自我评价总体规划能力、计算机编程能力、测试能力、网页制作能力，在评价过程中不断修正、反思、进步，从而主动有效开展项目教学法。

四、计算机课程中项目教学法的实施策略

（一）项目教学法全面计划与管理策略

1. 科学分析教学目标进行项目的选择与设计

实施项目教学法是学校教育框架下的一种教学模式、教学策略、教学方法的改革，项目的选择与设计是项目教学法的基础，是教师对教学内容的组织和设计。项目的选择要根据课程的实际情况，选择与课程紧密相关的、能提高学生的知识和技能的项目，选择与学生将来的实际工作有密切关系的项目。要根据计算机学生未来职业定位和未来职业真实的工作任务来进行项目选择与设计。为了更好地选择和设计项目要进行设计项目驱动问题，驱动问题像"灯塔"一样激发学生兴趣，指引学生向项目目标前进。设计驱动问题时要充分考虑学生是否能在某一时间段内完成，还要考虑可用的资源和学生的技能水平。所选项目最好是教师熟悉或亲自开发的难度适中具有一定挑战性的项目，一般不主张学生自主选择项目，教师规定一个大致的选题范围和要求，由学生选择具体的项目，还要经过教师审核通过。

2. 制定科学可行的项目计划

计算机软硬件工程项目开发有严格的生命周期，项目的成功很大程度上取决于科学可行的项目计划，教师要帮助学生制定项目计划，并从计划的合理性与可行性方面给予严格把关。项目计划的内容主要包括：项目选取不要太大也不要太小，是否按计算机软硬件工程项目的生命周期法进行项目计划设计，小组内谁负责总体规划、谁负责编程、谁负责测试、谁是核心程序员、功能模块的分工是否合理，项目进度时间表，查阅的资料和资料来源，项目实践的形式和内容，经费预算和经费来源，项目成果的表现形式是否符合计算机工程项目标准与规范等。还要计划好项目完成时间，即从项目计划到项目最后的总结评价所需的时间，既包括小组成员合作时间，也包括成员独立工作时间。

3. 项目的实施与控制

（1）项目的实施。项目实施是项目教学法的主体，分为项目导入、子项目实施、项目整合。项目导入以说课的形式，向学生演示讲解项目的基本要求、组织安排、实施安排、评价标准。子项目实施过程中要向学生演示讲解子项目基本任务，以案例或任务的形式讲解关联知识。避免教师在项目教学法过程只布置任务而无作为，教师除了给予方向性、框架性的指导和方法上的指导外，还要在学生职业操守、操作规范、硬件和资源使用规范方面给予原则性指导，要对过程和结果进行监督避免出现违规现象。当项目任务遇到困难、问题和意外事件时，教师要及时援助。教师还要给学生以精神和心理上的支持和鼓励，保证项目顺利进行。所有的子项目完成后，要将所有子项目整合成一个完整的项目，教师只需说明基本方法，由学生自己完成。

（2）项目监控。教师要全程监控项目实施过程，项目教学法是在对学生充分信任的基础上给了学生相当大的自由度，虽然学生在项目学习过程中有良好的自我管理和监督，但是离不开教师的监督，避免学生出现应付过关现象，项目教学法的质量很难保证。项目实施监控分为组织控制和制度控制。项目人员组织结构分为三层，小组成员向小组长汇报，小组长向项目指导教师汇报，小组成员也可以直接向指导教师汇报，指导教师及时监控项目进展。项目教学法需要建立一些监控制度来保证项目顺利进行，这些制度包括：项目的汇报制度、文本规范制度、意外情况处理制度和评价制度。

4. 项目成果准备与评价

（1）项目成果准备。项目成果既包括项目实施完成后的终结性成果，还包括项目实施过程中的阶段性成果，以及项目实施过程中的过程记录资料。

终结性成果可以是计算机程序、演示文稿、平面设计作品、三维作品、网页、研究报告、管理信息系统、表演（演讲、汇报等）、录像、操作说明等。终结性成果是对项目任务最终成就的展示，评价中占的权重较高，提醒学生引起高度重视。在终结性成果的准备上要分工明确，充分协作，在内容和形式上必须符合项目的要求。

阶段性成果可以是项目计划书、项目小组任务日志、教师项目任务日志、走访企业调查表、社会实践表、查阅资料清单、任务实施过程的录像、录音资料等。教师要给学生讲授哪些资料和文档可以作为阶段性成果，可以将阶段性成果文件的样例展示给学生看，在项目计划中应明确说明各个阶段应取得的阶段性成果，并严格按计划实施。

（2）项目成果的评价。项目成果的评价是对整个项目运作过程的一种客观性评价，主要是解决"项目任务是怎样运行的，运行的实际效果如何"。项目成果的评价是一种多元式"真实性评价"，主要从表现评价和档案袋评价两方面着手，在项目实施之前，教师就要制定出具体细化的项目成果评价标准，评价方法，并让学生有所了解。随着项目的实施，学生在各个阶段都要制作和收集评价证据，学生根据自己的表现自评，小组成员之间还要互评，最后教师和专家对项目成果进行评价。

5. 项目总结与提高

项目的总结是解决项目的运行应怎样才能更有效率，效果会更好的目的，学生根据项目成果、自己的感受、教师和同学的评价来总结项目是否顺利完成，是否有所提高，如何改进和提高等。教师依据学生项目成果、教师职责、学生在项目中的表现来总结项目是否达到预期效果、项目实施过程中有哪些不足和成功之处，如何进一步改进等。

（二）项目教学法的教学组织策略

计算机作为一种工具，不应作为纯理论课程来学习，而应作为一种应用技能来掌握，衡量计算机课程学习好与坏的标准，不是看学生是否了解，而是看学生是否能实践。传统教学是运用上机开展验证式实验教学，而计算机课程项目教学法是将教学内容以项目的形式传递给学生，其演化成多种教学方式，有理论课、上机课、阶段项目课、综合项目课、竞赛课、毕业设计项目课。

1. 理论课

理论课通过教师系统讲解和示范相关的基本概念、基础理论、程序代码、框架结构，让学生理解基本的概念、原理。理论课以教师演示讲解为主，以制作案例为导向，采用边讲边练的方式进行教学，讲解的顺序一般是：回顾—理论讲解—学生模仿—小结—总结—布置作业。要讲清楚理论演示案例的技术难点、学生常见问题。为保证良好的授课效果，强烈推荐理论课也要在机房上。

2. 上机课

上机课的教学目标是巩固理论课的概念、知识，培养学生的动手能力，通过多个上机实练案例，训练学生操作的熟练度和规范度，解决的是知识技能的验证性实验。上机课的实质就是通过学生亲自简单使用和体验理论课所讲授的知识，加深理解与消化。讲解的顺序是：回顾—讲解—学生实练—小结—实练—总结—布置作业。在让学生上机实练之前，要帮学生分析每个实练案例，指出技术难点、学生常见问题。

3. 阶段项目课

阶段项目课是学完几个章节的基础知识和技能后，培养学生综合应用多个技能点的能力，安排一个相对大点的阶段项目课。阶段项目课以制作案例为导向，采用边讲边练的方式进行教学，讲解的顺序一般是：回顾—案例分析—学生实练—总结—布置作业。教师要做好需求描述，案例分析，分析出项目实战的技术难点和学生常见问题，并给出学生推荐的步骤，最后根据学生做的实际情况给予总结。

4. 综合项目课

在学完相关的一些课程后安排一个综合运用相关学科知识和技能的综合项目课。综合项目课是综合性、创新性项目，以制作案例为导向，采用边讲边练的方式进行教学。讲解的顺序为：回顾—案例分析—学生实练—总结。

5. 项目竞赛课

为了培养学生的竞争意识，每学期至少开展一项项目竞赛（计入学分），让每项计算机项目竞赛与某门课程的某项技能模块相匹配，竞赛成绩与获奖证书作为本学期本课程期末成绩的一项。以赛促学是通过组织具有高度仿真性和强烈针对性的项目技能大赛，对学生必须掌握的各项基本技能、实际能力进行演练考核。可组织班内、校内竞赛，让学生在学中赛、在赛中学、教师在赛中教、做到赛教合一。

6. 毕业设计项目课

计算机学生安排毕业设计项目课，促使学生积累行业内项目经验，组成项目小组进行项目开发，可分为硬件项目和软件项目。毕业设计项目课采用边讲边做的方式教学，讲授的顺序是：回顾—需求分析—功能设置分析—知识点讲解—帮助学生制定计划—学生实施—评价总结。软件项目主要分为管理类、网络应用类和多媒体制作类，每类的侧重点不同。管理类毕业设计项目就是用编程语言实现一个界面相对简单的管理信息系统（如医院收费系统、学生成绩管理系统、图书管理系统等），可以借鉴的相关设计思想、方案、资料和成熟产品很多。网络应用类毕业设计项目是以 Internet 或局域网为平台，用网页制作软件和网络编程语言设计网络版软件或能在网上发布的软件（如企业事业单位的网站、网上交易系统、网络考试系统等）。多媒体制作类毕业设计项目主要用多媒体技术和工具制作广告宣传片、教学课件等。

（三）项目教学法资源配置与开发策略

项目资源是指帮助完成项目所需要的各种有形和无形资源，这里指支撑项目教学过程的各类软件资源，包括讲授性的课程资料、相关文献资料库、相关案例库、数据库、学生作品集以及离线的学习资源等，可以是本地资源，也可以是相应内容的外部链接。

1. 整合、二次开发现有电子资源

现有电子资源在相当长的时间内仍是计算机课程项目教学法实施过程中的主要资源，学校本着"必需、适度"的原则维护好原有电子资源，增加新的电子资源。各种形式的电子资源都有自己独立的数据库、发布平台和检索环境，给学生检索信息带来不便。学校要探索建设统一资源发布平台、对资源进行项目化二次加工等整合和二次开发工作，方便学生检索利用资源。

2. 开发校本特色电子资源

围绕项目任务教师要设计开发并提供相应的学习资源，以促进学生在相关领域知识的基础上展开探究，有助于学生建构知识，支持开展有意义学习，有效完成项目。项目教学法校本资源包括项目教学法指导资料、项目教学法多媒体教学课件、项目式校本教材开发、教学案例库、优秀作品库、网上非实时答疑系统等开发建设。

（1）项目教学法指导资料。要积极开展项目教学法指导资源的研究，组织教师编写指导性资料。

（2）项目教学法多媒体教学课件。教师要积极开发项目教学法多媒体教学课件，教师将计算机课程项目教学法课堂教学录制为视频或将专题教学内容做成 Web 课程，并将这些存放在 Web 服务器上，供学生学习。

（3）项目式校本教材开发。教师要积极进行教学改革，真正搞好项目课程与教材开发，根据计算机学生将来的职业真实的工作任务应用到的内容和将来职业定位来开发项目教学法校本教材。项目教学法具有轮廓清晰的工作（学习）任务，具有明确而具体的成果展示，具有特定教学内容的完整的工作过程。这种教学模式使学生在一个仿真的职业环境中，为学生提供不同的岗位，为学生提供岗位真实的工作任务，教师要针对这些工作岗位

设定难度适中的项目并开发校本教材，让学生在学习过程明确今后工作的定位，将来找到适合自己的工作，以便很快适应工作环境。项目课程的校本教材是动态的，编写校本教材并在教学中实施和检验，发现问题要及时调整，还要及时把企业实践的新技术、新方法引入校本教材修订中。

（4）教学案例库。教学案例是重要而典型的资源，能帮助学生回忆知识并提供学习的经验，弥补学生完成项目过程经验上的欠缺，完成项目任务时能起对照和模仿作用。在每门课程都开发一批经典或优秀的实验项目和案例。设计典型项目案例的目的，就是用贴近实际应用的案例把本课程主要实验内容和技能点串起来，包含项目目标、要求、演示案例、实战案例的详细操作步骤、练习案例的指导提示等计算机项目的完整过程。

（5）优秀作品库。包括优秀作品和学生作品，教师利用网络，将典型的优秀作品、学生搜集的资料、项目教学的阶段性成果和终结性成果作品上传到网上，丰富学习资源。

（6）网上非实时答疑系统。非实时答疑是指教师并不在线，而是将一些典型问题与解决问题的方法策略放在后台数据库中，学生在浏览器中浏览，学生有新问题时以表单的形式提交，教师解答后新问题也入库，从而不断扩充库的内容。

3. 开发专题学习网站

专题学习网站是指在内容上围绕某门课程或与多门课程密切相关的某一项或多项学习主题，具有网址，能面向社会开放的网站。专题学习网站作为一种基于丰富的网络资源的学习平台，由结构化知识展示、扩展性学习资源整合、进行讨论交流答疑的空间、网上自我评价系统组成。除了要把与专题学习内容有关的文本、图片、图像、动画等知识结构化展示，还要把与专题相关的扩展性学习资源进行收集整理，包括各种学科的不同学习工具（如：字典、词典、计算工具、作图工具、应用软件、模板、仿真实验室等）和相关学习资源网站的链接。要收集与专题有关的思考性问题、形成性练习和总结性考查的评测资料，让学生进行网上自我学习评价。网站应具备网上注册、在线学习、项目选择、作品欣赏、作品上传、讨论交流、成果展示与评价等功能。

专题学习网站可以提供项目教学法师生查阅的巨大信息资源库，提供师生、生生交流的协作平台，可实现师生和生生之间实时交互，学生自主选择项目、学习内容和学习方式，教学不再受时间和空间的限制，随时随地开展学习。基于专题学习网站的项目教学法有网络讲授、网络答疑、浏览、检索、操练、讨论交流、实验和模拟、协作、竞争、评价等多种形式。专题学习网站为学生提供丰富的学习资源、功能强大的协作平台和专题讨论区，为学生开展协作学习交流、研究探索和展示学习成果提供了良好平台。

第四节　计算机课程教学中的行为导向教学法

一、行为导向教学法的认知

行为导向教学法是学生同时用脑、心、手进行学习的一种教学法，这种教学法是以职业活动为导向，以能力本位（人的发展为本位）的教学。行为导向教学法是全面的和学生积极参与的教学。在课堂上，由教师和学生共同决定要完成的行为产品引导着教学过程；行为导向教学法是教师引导学生学习知识以及掌握这些知识的技能、技巧，又指学习和获得这种知识的过程和方法，在学习中学会学习，形成会学的能力。

（一）行为导向教学法的特征

行为导向教学法的特征如下：

第一，行为导向教学法是从教学生"学会学习"目标出发，使教学从注重"教法"转到注重"学法"，将学生的学习与学生发展密切结合起来。采用师生互动型教学模式进行教学，在教学中，教师是活动的引导者、教学的主持人。

第二，行为导向教学法体现了"以学为本，因学施教"的教学准则，因为"学"在人的活动中占据主体地位，而教则应因人因时施以不同的"教"。"教"在于对人的成长和发展起着辅助和促进的作用。教学不仅仅是让学生"学知识"，而且要"学会学习"而且还要"学会做事，学会生存，学会与他人交往"。

第三，行为导向教学法让学生的所有感觉器官都参加学习，即用脑、心、手共同参与学习。行为导向教学强调学生的学习动机的焕发和学习兴趣的培养，是建立在让学生熟悉周围的环境的基础上，对所学的内容感到好奇，感到惊讶和能提出问题。

第四，行为引导型教学通过创造某种特定的"环境"或称"情境"，是让学生在教师所设计的学习环境中进行学习，使每个学习者都有施展个性能力的机会和舞台。行为导向教学倡导学生参与教与学的全过程，这种教与学通常围绕某一课题、问题或项目开展教学的活动，重视学习过程的体验。

第五，行为导向教学采用以学生为中心的教学组织形式，让学生以团队的形式进行学习，引导学生自主学习和探索；强调在团队学习中发挥每个学生的主体作用。

第六，行为导向教学具有针对性强、教学效率高的特点。教学是以职业活动为导向，以"学习任务"为载体，采用非学科式的以能力为基础的教学模式组织教学，它的教学内容具有跨学科的特点。

第七，行为导向教学中是通过展示的方式（展示自己的学习成果和展示自己的风格）来培养学生的表达能力和工作能力，不断把知识内化为能力。

第八，行为导向教学充分尊重学生的个性，注重学生的自信心和自尊心的培养，不断地启发和鼓励学生。行为导向教学不要求教师和学生是一个完美的人，而是一个会犯错误并能从错误中学习的人。教学中教师不允许批评学生。

（二）行为导向教学法常用的教学方法

第一，模拟。通常在一种人造的情境或环境里（如：模拟办公室或模拟工厂）学习某职业所需的知识、技能。这种教学既给人一种身临其境的感觉，又能降低教学成本，减少不必要的消耗和危险，也为教学组织提供了许多重复的机会和随时进行过程评价的可能性。

第二，案例研究。通过案例分析和研究，达到为今后职业作准备的目的。学生在学习过程中，自己提出问题并结合所学知识寻找解决问题的途径和手段，从而培养一种独立分析问题处理问题的能力。

第三，角色扮演。学生通过不同角色的扮演，既体验自身角色内心世界的活动，又揣摩对方角色的心理反映，从而培养学生的社会能力和交际能力。

二、计算机课程教学中行为导向教学法的教学策略

（一）行为导向教学法的教学模式的建立

第一，教学目标的明确性。行为导向教学法要求明确制定教学目标。这意味着要明确指定学生需要掌握的技能、知识和能力，例如，如果教授一门编程课程，教学目标可能包括学生能够编写特定类型的程序、理解编程语言的基本原理等。这些目标的明确性有助于学生知道他们需要学什么，也有助于教师更好地组织教学活动。

第二，教学内容的整合性。行为导向教学法鼓励将教学内容整合在一起，以便学生能够看到不同主题和概念之间的关联性。这意味着将不同的编程概念、算法和数据结构等内容整合在一起，以帮助学生理解它们是如何相互关联的，这有助于学生建立更深刻的理解，而不仅仅是孤立地记住信息。

第三，教学手段的多样性。行为导向教学法强调使用多样的教学方法和工具，以满足

不同学生的学习需求。这可以包括使用教科书、在线教程、编程实验、小组项目、讨论课等多种教学手段。这种多样性有助于吸引学生的兴趣，提供不同的学习机会，以适应不同的学习风格和节奏。

第四，教学评价的开放性。行为导向教学法鼓励开放性的教学评价，以便更好地了解学生的学习进展和理解程度。这可以包括开放式问题、编程作业、项目评估等。通过这种方式，教师能够更全面地评估学生的能力，而不仅仅是依靠传统的选择题考试。开放性评价也鼓励学生思考和解决实际问题，而不仅仅是死记硬背知识。

（二）行为导向教学法的学习策略的制定

第一，明确学习目标。教师需要明确制定课程的学习目标，这些目标应该是具体、可测量的，以便学生知道他们要达到什么标准。例如，在一门编程课程中，学习目标可以包括掌握特定编程语言或解决实际编程问题。

第二，分步指导。学习策略的制定需要将整个课程划分为适当的模块或单元，每个模块都应该包括清晰的步骤和示例，以便学生可以逐步学习和应用知识。这有助于建立学生的自信心和能力。

第三，反馈机制。建立有效的反馈机制非常关键。教师可以制定测验、作业和项目来评估学生的学习进展，同时提供及时的反馈和建议，帮助学生改进他们的学习策略。

第四，个性化学习。考虑学生的不同需求和学习风格，提供个性化的学习策略。这可以包括不同难度级别的任务，以满足不同水平的学生。

第五，激励和奖励。激励因素对于学习至关重要。为了制定有效的学习策略，教师可以设计激励机制，例如奖励系统或者竞赛，以鼓励学生积极参与学习。

（三）行为导向教学法的教学方法的设计

第一，清晰的教学结构。在行为导向教学法中，教师需要设计一个明确的教学结构，以确保学生能够理解课程内容的组织和流程，这可以包括制定每堂课的教学计划，明确教学活动和时间分配。

第二，演示和示范。在教学中，教师应该经常进行演示和示范，以展示期望的学习行为和技能。例如，演示编程代码的编写过程，让学生看到正确的方法。

第三，互动和合作。鼓励学生互动和合作，可以通过小组项目、讨论和协作任务来实现，这有助于学生在实践中应用他们学到的知识，同时培养沟通和协作的能力。

第四，定期评估。定期对学生的学习进度进行评估，以确保他们达到学习目标，这可以包括课堂测验、作业、项目评估等方式。

第五，技术支持。在计算机课程中，确保学生有足够的技术支持和资源，以便他们能够有效地学习，这包括提供必要的软件、硬件和在线学习资源。

第六章　计算机专业课程思政建设策略

第一节　计算机课程与课程思政融合的可行性

一、目标的一致性

计算机专业教育旨在培养创新型人才，以适应不断发展的科技领域和市场需求。在这个过程中，计算机专业课程侧重于传授技术和专业知识，以确保学生具备必要的技能和能力，从而使他们能够在职业生涯中取得成功。与此同时，课程思政的主要目标是提升学生的思想素质，包括道德品质、社会责任感、文化修养等，旨在培养更全面的人才。

计算机课程与课程思政这两个领域虽然在表面上似乎有所不同，但在更深层次上却具有一致性。

首先，无论是计算机专业还是课程思政，其根本目标都是培养更高水平的专业人才，使他们能够更好地为社会和国家做出贡献。这就意味着两者都关注学生的整体素质提升，而不仅仅是专业技能的培养。

其次，计算机专业领域在不断发展，要求学生具备灵活性和创新性，以适应快速变化的科技环境。课程思政的目标之一就是培养学生的创新能力和终身学习能力，以便他们能够在未来不断进化的社会中保持竞争力。因此，两者在培养创新性思维和适应性方面具有一致性。

最后，现代社会对专业人才的需求不仅仅是技术能力，还包括社会责任感、道德品质和文化修养。计算机专业领域在日益数字化和全球化的环境中，也需要专业人才具备更多的社会责任感和道德品质，以确保科技的应用符合伦理和法律标准。课程思政正是致力于培养这些品质，因此两者在这方面也具有一致性。

综上所述，计算机专业课程和课程思政融合在教学目标上具有一致性。两者都追求培养更高水平的专业人才，强调学生的综合素质提升，包括创新能力、社会责任感、道德品质等。因此，将这两个领域融合在教育中是可行的，可以实现更全面、更有价值的教育目标，为学生的综合发展提供更好的支持。

二、为社会实践的一致性

计算机技术在当今现代社会中扮演着至关重要的角色，不仅是推动科技创新和产业发展的引擎，还在各个领域影响了人们的生活方式和社会运行机制。在这一大背景下，计算机课程的融入学校教育成为必然趋势，以培养学生的计算机素养和实践能力。同时，课程思政是中国教育体系的一项重要政策，其目的是培养学生正确的人生观、价值观和社会责任感。这两者似乎在表面上属于不同领域，但其融合在社会实践方面具有高度的一致性，有利于学生全面发展。

课程思政注重的是培养学生的思想道德素质，使他们具备正确的人生观、价值观和社会责任感。通过思政课程，学生能够更好地理解社会的伦理和价值观，认识社会中的不平等和不公正现象，以及这些问题的深层次原因。这种教育有助于学生形成积极向上的社会价值观，懂得对社会负有一定的责任，从而更好地融入社会、推动社会进步。

计算机课程则注重培养学生的实际操作能力，使他们掌握现代计算机技术，为未来的职业发展做好准备。这包括学习编程、网络安全、数据分析等技能，这些技能在现代社会中具有巨大的需求。计算机课程的教学往往以实践为主，让学生动手实践，从中积累经验和技能。这些技能和实践经验在学生未来的职业生涯中将非常有用。

将课程思政与计算机课程融合，有助于将两者的优势相互结合，实现教育的综合发展。首先，通过思政课程的引导，学生可以更好地认识计算机技术对社会的影响，了解技术发展与伦理道德之间的关系。这有助于防止技术滥用，培养学生的社会责任感，使他们在使用计算机技术时更加谨慎、美德、守法。其次，计算机课程的实践性质可以促进学生思考计算机技术在社会中的应用和发展方向。学生可以从实际操作中感受到技术的局限性和潜力，这有助于培养创新精神，使他们更有能力为社会创造新的价值。最重要的是，融合课程思政和计算机课程可以通过开展志愿服务等社会实践活动，让学生更好地了解社会，感受社会的需求和温暖，从而提高他们的思想道德素质和社会责任感。

综上所述，将计算机课程与课程思政融合在一起是可行的，因为它们在社会实践方面具有高度一致性。这种融合有助于培养全面发展的学生，使他们既具备实际操作能力，又具备正确的人生观、价值观和社会责任感。这对于学生的综合素质提高和社会责任感的培养都具有重要意义，有助于他们更好地应对未来社会的挑战和机遇。

三、社会服务的统一性

计算机课程和课程思政两者虽然看似在教育领域有着不同的着重点，但它们都以满足社会需求为目标，因此存在融合的可行性。

首先，课程思政强调培养学生正确的价值观和人生观，以使学生具备为全面建成社会主义现代化强国做出贡献的思想准备。这意味着课程思政注重培养具备社会责任感和公民意识的学生。同样，计算机课程也可以为此目标作出贡献。通过教授计算机伦理和社会责任，学生可以了解他们在使用技术和数据时应承担的责任，这有助于培养学生正确的道德观和社会意识。

其次，计算机课程旨在培养学生掌握现代信息技术，为社会信息化建设做出贡献。这包括教授技术知识和技能，如编程、网络安全、数据分析等。这些技能是满足现代社会需求的关键，因为信息技术已经深刻地影响了社会的各个领域，包括医疗、金融、教育等。通过培养学生在这些领域中的技术能力，计算机课程有助于社会的进步和创新。

课程思政在强调正确思想观念的同时，也注重培养学生的创新精神和实践能力，使学生具备为社会创新和发展做出贡献的能力。同样，计算机课程也通过实践操作和项目设计来培养学生的实践能力和创新精神。编程和软件开发项目，例如，鼓励学生提出创新的解决方案，同时培养他们在解决问题时的批判性思维和创造性思维。

最后，课程思政和计算机课程在实现社会价值的过程中都需要注重人文关怀。在课程思政中，教师不仅需要传授知识，还需要注重学生的思想教育和心理健康。这意味着学校应提供心理辅导和人际关系建设，以确保学生在身心健康方面得到关怀。同样，计算机课程中的教师也需要关注学生的实践操作和项目设计过程中的人文关怀，以确保学生的实践过程更加顺畅和愉快。

课程思政和计算机课程在培养学生为社会服务的能力和意识方面存在共通之处。它们都以满足社会需求为目标，注重社会责任和创新，同时也关注学生的人文关怀。因此，将这两者融合在教育体系中是可行的，并有望为培养具备全面素质的学生，为国家和社会的发展做出积极贡献。这种综合教育方法有助于培养具备技术能力和道德觉悟的新一代公民，为社会建设和进步提供坚实的支持。

第二节　计算机专业课与课程思政融合的方式

计算机专业是一个具有高度科技性和创新性的领域，但也同样需要融入思政元素，以确保学生在技术发展的同时也具备正确的思想和价值观。

一、教学中引入思政元素的切入点

（一）纠正学生的不良思想

计算机专业学生通常受到理工科背景的影响，可能对思想政治学习产生兴趣不高，甚至表现出不良思想。教师应该积极介入，将思政元素融入教学，帮助学生树立正确的价值观。这可以通过以下方式实现：

第一，引入思政课程。为计算机专业的学生设置专门的思政课程，以引导他们更深入地思考社会、伦理和道德问题。这些课程可以涵盖国家政策、法律法规、社会责任等方面的内容，从而提高学生的政治觉悟。

第二，案例分析。教师可以在课堂上引入与计算机领域相关的案例，让学生从中分析不良思想和行为的后果。这有助于学生认识到不良思想可能会对他们自身和社会造成的危害。

第三，辅导和讨论。教师可以定期组织学生讨论，鼓励他们分享自己在日常生活中遇到的道德困境，并提供指导和建议，帮助他们解决问题。

第四，实践活动。组织学生参与社区服务或志愿活动，让他们亲身体验社会责任感和价值观的培养，从而更好地理解思政元素的重要性。

（二）帮助学生树立正确的网络观

随着互联网的普及，计算机专业学生具备丰富的计算机知识，他们在网络上获取信息的渠道更多。然而，为了防止学生受到不良影响，需要帮助他们树立正确的网络观念，坚定政治立场。

第一，网络安全教育。教师可以在课程中强调网络安全的重要性，教授学生如何保护自己的隐私和信息安全。这有助于学生建立正确的网络行为和风险意识。

第二，信息验证。培养学生批判性思维，教他们验证信息的可信度。这有助于防止学生被虚假信息欺骗，并提高他们的政治觉悟。

第三，伦理与技术。计算机伦理是一个关键领域，教师可以引导学生讨论与技术相关的伦理问题，包括数据隐私、人工智能的道德问题等，以帮助他们形成正确的态度和观点。

第四，社交媒体和信息传播。引导学生了解社交媒体对思想和信息传播的影响，让他们更清楚地认识到自己的言行可能会对社会产生的影响。

通过以上方法，计算机专业的课程可以与思政课程融合，确保学生不仅具备先进的技术知识，还能树立正确的价值观和网络观念，以更好地为社会和国家的发展做出积极的贡献。这种融合能够促进学生的全面发展，培养出既具备技术实力又具备道德良知的计算机专业人才。

二、计算机专业课开展思政的思路

（一）实现立德树人的教育目标

计算机专业课程的思政教育是为了实现立德树人的教育目标而进行的一项重要工作。虽然计算机专业被普遍看作是一门技术性较强的学科，但在当今社会，企业更需要计算机人才具有较高的职业素养和政治素养。因此，为了培养具有全面素质的创新型人才，计算机专业课程必须积极融入思想政治教育，并制定相应的培养方案。

首先，计算机专业课程可以通过引入思想政治教育的内容来提高学生的思想政治素质。这可以包括教授马克思主义基本原理、中国特色社会主义理论等内容。通过系统的教育，学生可以更好地理解国家的政治体系和社会制度，培养对社会发展的责任感和参与感。这种融合有助于学生在日常生活和职业中更好地理解和践行社会主义核心价值观，帮助他们成为有思想、有信仰、有担当的人才。

其次，教师需要采用启发性的教育方法来提高学生的思辨能力和创新能力。计算机专业课程可以采用案例分析、讨论、辩论等互动教学方法，引导学生自主思考和交流。这有助于培养学生的批判性思维和问题解决能力，使他们能够更好地应对复杂的社会和职业挑战。思政教育与技术教育的有机结合，能够培养出具有高度创新潜力的计算机专业人才。

最后，教育环境的氛围也是关键因素。计算机专业课程可以通过组织学生参加社会实践、志愿服务等活动来营造积极的思想政治教育氛围。这些活动可以使学生更好地感受到社会的需求，培养他们的社会责任感和公民意识。此外，校园内也可以设置相关的讨论和交流平台，鼓励学生参与社会和政治话题的讨论，从而加深他们对国家和社会事务的理解。

计算机专业课程的思政教育应该采取多种手段和策略，包括引入思想政治教育内容、采用启发性教学方法，以及营造积极的思想政治教育氛围。通过这些举措，可以实现立德树人的教育目标，培养具有全面素质的计算机专业人才，使之不仅在技术领域有卓越表现，还具备了较高的思想政治素养，能够为国家和社会的发展作出更有价值的贡献。这是一项全面而重要的工作，也是学校计算机专业教育的一项重要使命。

（二）课程思政教育要以品德修养为核心

计算机专业课开展思政教育是为了培养有理想信念、有道德情操、有科学精神、有责任感的高素质计算机专业人才。在这个过程中，以品德修养为核心是非常重要的基本思路，因为计算机专业不仅仅是技术和知识的传授，更是价值观和道德观的传承。

首先，品德修养是一个人综合素质的重要组成部分。在计算机专业课堂中，教师应该将品德修养纳入教育的范畴，通过案例分析、伦理讨论等方式引导学生思考道德和伦理问题。计算机专业不仅仅是代码和算法的堆积，更是关乎信息安全、隐私保护、数据伦理等重要议题。教师应该通过教学，教导学生如何在技术领域中坚守道德底线，避免滥用技术、侵犯隐私和传播虚假信息等不道德行为。

其次，计算机专业课程思政教育还要帮助学生树立正确的世界观和价值观。计算机技术的快速发展对社会产生了深刻的影响，学生需要具备正确的世界观和价值观，才能更好地适应社会的变化和发展。教师可以通过引导学生思考技术的发展对社会、文化、政治等方面的影响，让他们认识到计算机专业不仅是个人职业的选择，更是对整个社会的贡献。这有助于培养学生的社会责任感，让他们明白自己的工作与社会的发展息息相关。

最后，计算机专业课程教师在进行课程思政教育时需要将这一理念有效融入日常教学中。这并不是要取代技术的传授，而是在技术教育的基础上，注入思想和伦理的元素。可以通过设计相关课程内容，引导学生参与伦理讨论、案例分析等活动，让他们在学习技术的同时，思考伦理和社会责任的问题。此外，教师可以在教学中树立良好的榜样，积极践行职业道德，激发学生的学习兴趣和学习积极性。

最后，计算机专业课程思政教育的目标是培养全面素质的计算机专业人才，这需要教师努力培养学生的坚定意志和综合素质。通过将品德修养融入课程，可以提高学生的综合素质，包括道德品质、社会责任感、职业道德等。这些素质是学生在未来的职业生涯中非常重要的资产，也是为社会培养全能型人才的基础。

计算机专业课程思政教育以品德修养为核心，是为了培养有道德情操、有社会责任感的计算机专业人才。通过将品德修养融入日常教学中，教师可以引导学生形成正确的世界观和价值观，培养其综合素质，最终为社会培养优秀的全能型人才。这一思路对于计算机专业教育的发展具有重要意义。

第三节　计算机专业课程思政与工匠精神的融合发展

一、工匠精神的体现

工匠精神有着卓越、完美的追求，工匠精神在工艺精益求精的要求以及手艺的精心雕刻等方面都有所体现。

第一，注重自身品德修养。工匠精神是匠人们对于自身道德品质的要求。孔子是我国古代伟大的教育家，在他看来君子应当先追求做人，这是做事甚至是治国的前提。对于工匠而言重要的不是技术而是人品，要成为一名工匠，首先得学会如何做人，如何提升自身的品德修养，一个工匠的人品比他身上的技术更为重要。

第二，对于技术的卓越追求。工匠精神是匠人们对于自身专业技术的卓越追求，不断创新，他们坚持相信自己最好的作品。随着社会生产力的发展，人们对商品质量的要求越来越高，越来越多的人会选择虽然价格更高但是质量更好的商品。

第三，对于作品要精雕细琢，精益求精，勇于创新。工匠精神体现在工匠对待作品的态度上，是对创新思维和精于工艺的追求。工匠的创新精神是使产品更具特色的重要因素。精益求精和创新思维对于工匠来说同等重要，只有具备创新精神，才能促进工艺不断进步，让匠人精神得到发扬和传承。

第四，对于职业的热爱。工匠精神体现在对本行的高度忠诚和热爱，是富有激情和责任地完成每一个工艺。

第五，对于工匠精神的传承。工艺的思想、品德以及技术传承等是工匠精神的体现，其传承由师徒制完成。老一辈匠人将自己的手艺和精神一代又一代传递下来，让工匠精神得以发扬光大。

二、工匠精神的价值

如今，工业化发展迅速，在一定程度上抑制了传统工匠的社会地位和经济地位，流水线生产和机械化生产代替了越来越多的工匠劳作，使得传统工匠的生存受到严峻挑战。但是，作为中华民族传统优秀文化的重要分支，工匠精神凝聚了中国人民几千年的智慧和劳动，其体现出很多优秀品质，也对中国历史发展产生重要作用，更符合现在社会主义核心价值观，对中国乃至世界来说，都是一笔不可多得的财富，也是具有时代价值的精神。

（一）培育社会主义核心价值观

1. 个人层面

立足于个人层面，爱国、敬业、诚信以及友善是社会主义核心价值观的主要内容，也是每一个中国公民所要遵循的个人价值原则。因此，一个优秀的工匠，有以下四点要求：

（1）尊重师傅，重视学习，对自己的工作要保持高度的热情和执著。

（2）精进工艺，刻苦好学，养成终身学习的习惯，不断提升自己的手艺。

（3）爱岗敬业，将工作当成乐趣，淡泊名利，加强自身修养。

（4）加强培养创新精神和求索精神，积极乐观，勇于创新。如此才能适应社会主义核心价值观的发展要求，工作态度上精益求精也是社会主义核心价值观中敬业精神的阐释，更是匠人对产品质量的追求、对工艺的不断创新和提升等，都体现中国匠人的爱国之情。

2. 社会层面

立足于社会层面，自由、平等、公正以及法治是社会主义核心价值观的主要内容，也是社会价值发展的基本方向。中国传统工匠精神在历史文化经济的影响下形成，其社会地位和创造价值具有不相协调之处，也在很大程度上制约了工匠的生存，其平等、公正、法制和自由的地位和环境无法得到保障。但是，随着国家对工匠的重视，各个领域都在倡导工匠精神，为工匠正名产生了积极作用，并让工匠的物质需求和精神需求都得到满足，让人们对工匠有了更加准确的认识，也是劳动人民地位提升的重要表现。所以，当代社会，工匠获得职业自由和人生平等的权利，正体现出社会主义核心价值观的要求。

立足于国家层面，富强、民主、文明以及和谐是社会主义核心价值观的主要内容，为国家的长远发展创造了有利环境。只有所有中国公民都参与社会建设，才能更加有效地促进中国梦的实现。工匠精神的发扬，有利于提升国家品质，体现出国人精益求精、刻苦钻研的精神面貌，是国家不断发展和进步的重要基石，是尊师重教、终身学习、务实力行等高尚品德得以发扬和传承的重要保障。

（二）弘扬中华传统优秀文化

中国社会主义文化强国目标的建立，立足于中华优秀传统文化基础之上，是国家软实力的重要体现，是中国人民自信的来源，中华民族伟大复兴的实现需要加大对中华民族优秀文化的传承和发扬。工匠精神作为中华优秀传统文化的重要组成部分，具有以下两方面的表现：

第一，工匠精神作为优秀传统文化的组成部分，践行工匠精神将在一定程度上促进中华优秀传统文化的发扬和传承。中华优秀传统文化是繁杂而庞大的系统，是中国文化的精髓所在。工匠精神倡导的刻苦钻研、精益求精、勇于创新以及尊师重道等精神，正是中华优秀传统文化的重要组成部分，是中华民族所特有的文化财富和宝藏，更是中华优秀传统文化发展的重要基石。

第二，工匠精神主要依托传统工艺，工匠精神也为中华传统文化的传承和发扬创造有利条件和环境。中国各族人民在生活生产中通过自己的智慧和劳作创造出来各种工艺产品，是传统工艺的主要形成方式，其历史文化底蕴和艺术审美价值非常高，而且工艺产品具有精细美观的特征，需要手工艺人细心打磨、耐心雕刻。

三、计算机专业课程思政教育与工匠精神的联系与融合

（一）课程思政教育与工匠精神的联系

在计算机专业中，课程思政教育与工匠精神有着密切的联系。

首先，课程思政教育通过学习马克思主义思想和习近平新时代中国特色社会主义思想，引导学生树立正确的人生观和价值观。在追求技术之余，学生应该将个人发展与社会发展紧密结合起来，注重技术应用的伦理和社会责任，这种正确的价值观有助于培养学生的工匠精神，使他们在技术实践中追求卓越，注重工作质量和细节。

其次，课程思政教育在培养学生创新思维和实践能力方面发挥着重要作用。课程中的思政教育引导学生关注社会现实问题，思考技术如何与社会发展相结合，这种思维方式培养了学生的创新意识和解决问题的能力，同时也激发了他们对计算机技术的追求和探索。工匠精神要求工作者具备创新精神和解决问题的能力，因此课程思政教育对培养学生的工匠精神起到了积极的促进作用。

最后，课程思政教育还注重培养学生的社会责任感和团队合作能力。在计算机专业中，学生通常会参与到各种项目中，需要与团队成员紧密合作完成任务。通过思政教育，学生能够树立正确的团队合作观念和社会责任感，注重协同合作和集体利益。工匠精神强调团队合作和责任意识，要求工作者在工作中理解和关心他人，主动承担责任，这与课程思政教育所倡导的价值观是一致的。

（二）课程思政教育与工匠精神的融合策略

首先，课程思政教育可以在计算机专业的课程体系中渗透思想政治教育的要素。例

如，在计算机编程的课程中，可通过引导学生解决实际问题的思考，鼓励学生关注社会问题与价值观的冲突，培养学生的社会责任感和民族精神。同时，在网络安全与隐私保护的课程中，可以引导学生关注社会伦理道德，加强对个人信息安全的重视，增强学生的法律法规意识。

其次，课程思政教育还可以通过案例教学等教学方法，引导学生体会到工匠精神的重要性。在计算机专业的实践课程中，学生需要通过分析、设计和实现项目来解决实际问题。通过引入成功的工程案例和失败的教训，让学生了解到工匠精神对项目的重要性。工匠精神追求品质与细节的完美，要求学生具备细致入微的工作态度、严谨的思维方式和持续学习的能力。

再次，计算机专业的实践课程也可以培养学生的创新精神和团队协作能力，与课程思政教育的目标相呼应。在团队项目中，学生需要运用自己的知识与技能解决真实问题，培养学生的创新思维和创业意识，并且在团队协作中学会理解和尊重他人，增强对集体利益的认识。

最后，课程思政教育与工匠精神的联系与融合还可以体现在计算机专业的实习与实训环节。学生在实习与实训中，将直接接触到实际工作场景和项目需求，需要具备扎实的专业知识和对工作的热情。通过实习与实训的过程，学生可以体会到工匠精神在实践中的重要性，并通过与企业、社会的接触，进一步增强社会责任感和职业道德。

第四节 "三全育人"视角下计算机专业课程思政建设策略

随着社会的发展和变革，学校培养的计算机专业人才需具备更全面的素质和能力，不仅需要掌握专业知识和技能，还需要具备正确的世界观、人生观和价值观。基于此背景下将"三全育人"理念与课程思政相结合，对于学校计算机专业人才培养具有重要意义。

一、"三全育人"的解读

在当代教育领域，关于"三全育人"的理念已经成为中国教育改革的核心要素之一，这一理念强调全员、全方位、全过程的育人目标，旨在培养德智体美劳全面发展的社会主义建设者和接班人。

第一，全员。"全员"强调无论学生的性别、文化背景、家庭背景等差异，都应该受到平等的教育机会和关怀。在计算机专业的课程设计中，这意味着需要采用多样化的教育方法，以满足不同学生的学习需求。此外，要鼓励学生积极参与课外活动，培养他们的社会责任感和团队协作能力。

第二，全方位。"全方位"强调培养学生的多元能力，包括思维能力、创新能力、沟通能力、领导能力等。在计算机专业中，不仅要传授技术知识，还应该培养学生的问题解决能力和跨学科思维能力。引入项目式学习和实践课程可以帮助学生在真实情境中运用所学知识，提高他们的全方位能力。

第三，全过程。"全过程"意味着育人不仅仅发生在课堂内，还应该贯穿学生的整个学习生涯。计算机专业的课程思政建设应该考虑到学生的学习和成长过程，提供持续的引导和支持。师生关系的建立和学风的培养也是"全过程"育人的关键环节。

二、"三全育人"视角下计算机专业课程思政建设意义

（一）强化学生价值引领

随着计算机技术的快速发展，学生在学习专业知识的同时，也需要具备正确的道德观念和价值取向。思政元素在计算机专业教学中的融入可以强化学生的价值引领。

首先，课程思政可以引导学生正确认识和评判科技发展。计算机技术的应用涉及众多领域，如人工智能、大数据和网络安全等。通过课程思政的引导，学生可以深入了解技术的社会影响和伦理道德问题。他们将能够全面认识到科技发展对社会、个人和环境的影响，并能够形成科技创新与社会进步相协调的理念。

其次，课程思政可以培养学生正确的人生观和价值观。计算机专业的学生在未来将成为科技领域的从业者和决策者。通过思政教育的引导，他们能够认识到科技发展的终极目标是为人类创造更美好的生活。课程思政将帮助学生形成积极向上的人生观，树立社会责任感和职业道德，使他们在科技创新中能够主动关注社会公益、个人隐私和信息安全等问题。

最后，课程思政能提升学生的综合素质和创新能力。计算机专业不仅要求学生掌握专业知识和技能，还需要他们具备批判性思维、创新能力和团队合作精神。通过思政教育的引导，课程思政能够培养学生的综合素质，包括思想道德素养、人文素质和社会责任感，从而为学生的个人成长和职业发展提供有力支撑。

（二）拓展思政教育渠道

传统的思政教育主要依赖于政治理论课程和学生活动，而通过将思政元素融入计算机

专业课程，可以拓宽思政教育的范围和途径。

首先，通过将思政元素融入计算机专业课程，可以增强学生对思政教育的关注和参与度。计算机专业学生通常更加关注专业知识和技术培养，对传统的思政教育可能存在一定的抵触情绪。通过在专业课程中引入思政教育内容，学生能够更加主动地接触和关注思政教育，提高其参与度和学习积极性。

其次，通过将思政元素融入计算机专业课程，可以提供更具体和有实践性的教育内容。计算机专业的课程往往更加注重实践和应用，通过将思政教育与专业课程相结合，可以将抽象的思想政治理论转化为具体的实践案例和问题讨论。这样可以使学生更加直观地理解和运用思政教育内容，增强其思维深度和实践能力。

（三）促进学生全面发展

基于"三全育人"视角下学校计算机专业课程思政建设有助于学生全面发展。它可以帮助学生形成全面发展的人格，培养批判性思维和创新能力，以及形成全面的职业素养。这将为学生的个人发展和职业成就奠定坚实基础。

首先，有助于学生形成全面发展的人格。计算机专业的学生往往注重专业知识和技术培养，而思政教育则关注学生的人文素养和综合素质。将思政教育融入专业课程，可以使学生在专业发展的同时，培养道德品质、社会责任感和自我认知等方面的素养，形成全面发展的人格。

其次，有利于培养学生的批判性思维和创新能力。计算机专业需要学生具备独立思考和解决问题的能力。思政教育强调批判性思维和创新精神，通过在专业课程中引入思政教育内容，可以培养学生的批判性思维、创新能力和解决问题能力，提高他们在技术领域的竞争力。

最后，有利于帮助学生形成良好的职业素养。计算机专业的学生将进入科技行业从事工作，除了专业知识和技术能力，还需要具备职业素养和道德观念。通过思政教育的引导，学生能够认识到职业道德、社会责任和团队合作等方面的重要性，形成全面的职业素养，更好地适应职业发展的需求。

三、"三全育人"视角下计算机专业课程思政建设方向

（一）构建完善的课程思政育人体系

首先，明确思政教育的目标和核心内容。在构建课程思政育人体系时，需要明确思政

教育的目标是培养学生正确的世界观、人生观和价值观。核心内容可以包括道德伦理教育、社会责任意识培养、思想意识塑造等方面。通过与计算机专业课程的有机结合，形成相互促进的关系。

其次，构建系统化的育人体系。学校应围绕课程思政育人目标来构建系统化的育人体系。包括完善思政教育的组织架构，建立专门的思政教育部门或机构，负责协调、指导和评估课程思政的实施。同时，还需制定相关政策和规定，确保教师全员参与课程思政建设和育人工作，形成全方位、全员育人格局。

最后，设计多样化的思政教育课程。学校计算机专业课程思政建设应设计多样化的思政教育课程，包括思政理论课、案例分析、社会实践、专题研讨等形式。这些课程可以帮助学生理解和掌握思政理论知识，引导学生运用思政理论分析和解决实际问题，培养学生的思辨能力和创新思维。

（二）创新课程思政多元化育人模式

首先，积极推进跨学科的融合教育。计算机专业课程思政建设应与其他学科紧密结合，培养学生的综合思维能力和跨学科的视野。可以引入相关的人文科学、社会科学等课程内容，让学生了解社会背景、人文价值等方面的知识，促使学生在计算机技术学习中形成更全面的思政素养。

其次，注重实践教学的融入。实践是计算机专业学习的重要组成部分，也是培养学生思政素养的关键环节。课程思政建设应鼓励学生参与实际项目、实验室研究、社会实践等实践活动，让学生通过实际操作和实际问题解决，培养创新思维和实践能力，帮助学生形成良好的职业价值观和发展观。

再次，创新教学模式。教师可以通过创新教学模式来为学生营造良好的学习环境，通过多元化教学模式来实现思政元素的全方面融入，提升计算机专业知识与思政元素的深度融合，从而发挥出课程思政育人功能。一方面，教师可以利用现代技术手段创新线上线下混合式教学模式，通过线上平台来丰富思政元素的融入渠道，如通过在线学习平台、虚拟实验室等平台为学生提供丰富的学习资源和互动交流的机会，促进学生的自主学习和思政教育的有效实施。另一方面，教师也可以创新项目驱动的教学模式，将思政教育内容融入项目驱动的教学中，让学生通过实际项目的设计、开发和实施，体验思政教育的重要性。教师可以设计具有社会意义和实践性的项目任务，引导学生在解决实际问题的过程中思考伦理、社会责任等方面的问题，培养学生的综合素质和创新能力。

最后，构建多元化评价体系。评价指标设计直接影响到课程思政育人效果，通过多元化评价体系构建可以确保"三全育人"理念的有效实施。教师应围绕课程思政教育目标及学生学习需求设计综合评价、个性化评价等平台体系，从而全面、客观地评估学生在思政教育方面的发展和成长。在评价指标设计上，教师应设定清晰的评价指标，评价指标应该明确、具体，能够反映学生在思政教育中所应具备的核心素养和能力。例如，思想道德素养、社会责任感、创新思维、实践能力等方面的指标。在综合评价方法上，教师可以构建师生互评、学生自评、学生互评等评价模式，确保评价方式可以帮助教师全面了解学生的学习情况和思政教育的效果，避免单一评价方式的片面性，从而确保评价体系能够推动课程思政建设。

（三）提升计算机教师思政素养

首先，学校要加强师资培养与发展。学校应注重选拔具有良好思政素养和教育背景的教师，并提供相应的培训和发展机会。教师可以参加思政教育研修班、心理辅导培训等，提升其教育理论和实践水平。同时，学校还应建立激励机制，鼓励教师积极参与思政教育的研究和实践，促进其专业成长和发展。

其次，建立良好的教师发展平台和交流机制。学校可以定期组织教师研讨会、教学观摩活动等，提供教师交流和分享经验的机会。教师还可以参与学术会议、教育研讨会等学术交流活动，拓宽教育视野，提升教学水平。同时，学校应重视对教师的评估和反馈机制，为教师提供专业发展的指导和支持。

"三全育人"视角下课程思政建设已是学校计算机专业改革的重要抓手，学校需立足"三全育人"理念，把握课程思政育人目标，通过创新多元化教学模式、加强师资队伍建设、构建完善的课程思政育人体系等措施来实现思政元素与计算机专业课程的深度融合，为学生构建高效课程思政课堂，实现学校人才培养的全过程、全方位、全员育人，助力学生全面发展。

第七章 计算机专业课程思政的融合实现

第一节 数据库程序设计课程中思政元素的挖掘

立德树人是学校育人之本，学校所有专业、所有课程都具有育人的功能，要充分地挖掘专业课程中的思政资源，挖掘各个专业的课程中的育人元素，这样才能够激励大学生将自己的理想融入到国家与民族的事业当中，才能够成为中国特色社会主义的合格建设者和可靠接班人。

一、数据库程序设计课程中体现思政元素是时代要求

课程思政的发展既顺应课程改革的要求，也是提高学校思想政治教育实效性积极探索。当前数据库的应用与发展涉及国民生产生活的各个领域，从工业生产到民众的生活场所，从商务运用到舆情分析，从财务安排到具体事务管理都离不开数据库技术的支持。通过数据库程序设计课程的立体化育人，将数据库应用技术相关专业知识与"立德树人"有机结合，实现学习知识与思想政治教育无缝衔接。让学生在学好专业知识与技能的基础上也能拥有良好的思想品德和职业素养。

二、数据库程序设计课程的性质与定位

数据库程序设计是计算机类专业的专业基础课程之一，也可作为软件技术，电子商务等 IT 类其他专业的选修课。它是一门基于数据存储和管理的专业技术课程。课程的主要任务是培养学生具备信息管理的工作能力。作为一门基于信息管理学科的素质课程。本课程的主要任务是培养学生具备数据后台管理的素质和能力。

三、数据库程序设计课程中思政元素的挖掘路径

数据库程序设计课程中挖掘思政元素的重要性在于将传统的技术教学与社会伦理、国

家责任等价值观进行有机结合，培养学生全面发展的专业素养。在数据库程序设计课程中，挖掘思政元素可以通过以下三条可行的路径来实现：

第一，引导学生关注国家情况和爱国情怀。在课程开始阶段，可以讲解数据库市场的现状以及国内一些企业在信息化、大数据领域的发展动向。通过深入了解国内数据库技术的现状，学生可以认识到自己所学的技术如何与国家的信息化建设和发展息息相关。教师可以引导学生思考他们作为信息技术从业者的社会责任，激发他们的爱国情感。这有助于学生明白他们的专业技能不仅仅是为了个人职业发展，还能为国家的信息化建设作出贡献。

第二，结合软件工程与哲学要素。在软件规划阶段，教师可以引导学生结合软件工程原则挖掘哲学要素。软件工程的核心理念包括系统性、协同性、可维护性等，这些原则可以与哲学中的系统思维、伦理道德等要素关系起来。通过分析软件工程中的决策和规划，学生可以思考关于技术决策背后的伦理和价值观。这有助于培养学生的伦理思维和社会责任感。

第三，挖掘思政元素在编码实施阶段。在具体编码实施阶段，教师可以引导学生思考技术实现的社会和伦理影响。例如，讨论数据隐私保护、信息安全、社会公平等问题，让学生明白他们的编码决策可能对社会产生深远影响。这种思考有助于学生培养责任感，不仅仅关注技术实现的成功，还考虑技术使用对社会的影响。

数据库程序设计课程中挖掘思政元素的目的是培养学生的全面素养，使他们不仅仅是技术专家，还具有社会责任感和伦理道德观念。通过以上三条路径，教师可以引导学生思考技术与社会、国家、伦理之间的关系，使课程教学更具价值和深度。这有助于培养出更有社会责任感的信息技术专业人才，为社会和国家的可持续发展做出积极贡献。

第二节　数据结构课程与课程思政的融合实践

一、数据结构课程中的思政教学设计

计算机的应用已深入社会的各行各业，我国的科技水平也越来越高，但我国在一些核心技术的自主研发上与世界顶尖水平仍然存在一定的差距。坚定信念是自主创新的原动力，自主创新需要打破思维定式，敢于提出创新的想法，需要不急不躁的耐心和追求卓越的品格，更需要群策群力，发挥集体智慧和集体力量。

　　计算机专业的学生是建设科技强国的主力军，肩负着自主创新的历史使命。应用型大学的学生普遍表现出明确的目的性，更希望能多学习一些应用技术，以提升自身竞争力，应对毕业后的工作和社会需求，甚至不少学生的价值观是"专业能力等于一切"。因此，课程思政在计算机专业课程中实施尤为重要。

　　数据结构作为计算机领域一门重要的专业基础课，主要讲解计算机非数值程序设计中的相关理论和技术，包括线性表、栈、队列、树、图等的逻辑结构、存储结构和运算，查找和排序两种典型的技术，为学生能解决复杂工程问题奠定坚实基础。

　　数据结构课程响应党中央加强学校思想政治工作的要求，严格落实党的教育方针政策，充分利用好课堂教学主渠道，开展"以学生为中心"的教学，以立德树人为导向，在课程知识传授和能力培养中实现价值引领，做好铸魂育人工作。作为学校专业课的教师体现新时代的责任担当与职责操守，积极传播马克思主义的基本立场、观点和方法，体现实践发展中的马克思主义中国化成果，弘扬社会主义核心价值观，主动了解学生思想动态，积极服务学生的精神文化需要，满足学生成长成才的迫切需要，帮助学生筑牢意识形态根基，树立正确的、积极向上的、有助于自身健康成长和社会需要的人生观、世界观和价值观。

　　鉴于计算机专业发展迅猛，学生普遍表现出的认知，以及理工科偏重讲解理论和技术的课程特点，数据结构课程把立德树人与铸魂育人作为课程教学的主线，把意识形态责任制作为课程教学不可逾越的红线，把"以学生学习和发展为中心"的教育教学理念作为课程教学的生命线，着力聚焦培养学生的计算思维和工程素养、创新意识和团队意识，提升学生的创新能力、团队合作能力，锤炼精进品格，打磨工匠精神。

二、数据结构课程中思政引用的方案

　　按照课程思政的教学理念，教师可以修改数据结构教学大纲，把课程思政教学设计作为关键核心工作，深挖课程的思想政治教育元素，将思政教育融入课程教学中。灵活运用多种教学形式，采用显性教学和隐性教学相结合的方式，寻求多样性载体，增强课程思政教学的亲和力、吸引力，发挥课堂教书育人的主渠道主阵地，使价值引领真正在数据结构课程中落地、生根、发芽。优化评价体系反馈思政教学成效，发掘学生全面发展的内在需求动力，增强学生的获得感，推动教师在专业发展中的思想政治工作能力，实现全员全课程的育人功能。

（一）数据结构教学目标中加入思政目标

　　数据结构的特点是理论逻辑性强、内容高度抽象，需要较高的理论演绎和逻辑思维能力，较强的实践性。通过数据结构的教学，学生能阐明典型数据结构、查找和排序算法的基本原理，能够分析给定数据结构和算法的时间复杂度和空间复杂度，具备依据实际问题需求进行分析数据、合理组织数据并有效存储数据的能力，能够针对实际问题识别关键环节，提出解决方案，进行算法设计编写程序，最终得到正确结果。

数据结构引导大学生树立正确的世界观、人生观和价值观，培养他们理论联系实际进行思考，运用马克思主义哲学的科学世界观和方法论解决问题的能力。训练学生的计算思维、科学思维，引导学生突破传统思维，激励自主创新；培养学生的工程素养，鼓励追求卓越，弘扬工匠精神；营造合作氛围，增强团队意识；感召以祖国为傲的爱国情怀，强化科技报国的责任感，培育并践行社会主义核心价值观。

（二）挖掘数据结构教学内容中的思政元素

课程思政要把铸魂育人有机融入课程体系中，教师不能只做传授知识的教书匠，而要成为塑造学生品格、品行和品位的"大先生"。教师要增强课程思政观念，强化育德意识，提高思想政治工作能力，充分发掘学生的内在需求动力，紧密结合学生普遍的认知特点和学习兴趣，丰富多学科交叉融合的教学方法，不断提高专业功底和教学技能，以课程知识为载体，以有机嵌入为路径，挖掘课程的思想政治教育元素，发挥课程本身蕴含的价值作用。

例如，在讲授线性表的各种存储结构时，重点指出每一种存储方式的提出，都是为了克服已有存储结构的缺点，加强学生的计算思维、创新思维，引导学生具体问题具体分析，找准问题核心，提出最好的解决方案。递归是解决问题的基础工具，在讲解递归思想时，可把递归的出口类比为个体的所作所为，而所有重大的改革和发展最终都是众多个体合力的结果，引导学生对推动社会贡献自己的一份力，要注重提高自己和别人进行团队合作的能力。对于最小生成树，通常教师讲解用最小代价构建交通网，由此引入铁路进藏，在世界屋脊修建"幸福天路"，通过介绍最小生成树在其他领域的应用，引入国家在电网、通信等领域取得的成就，感召学生以祖国为傲的爱国情怀，引导学生寻找最小生成树的现实意义，增强学生学以致用，将来科技报国的责任感。

运用数据结构知识解决问题，不仅要求代码能够正确运行，还要有良好的时间复杂度和空间复杂度。通过分析冒泡排序的时间复杂度，再从多个角度改进冒泡排序；用同一组随机生成的数据，让学生观察不同排序算法的时间；学生在编程实践期间需改正一个又一个的错误，解决一个又一个的问题等，可充分培养学生勇于克服困难，一丝不苟、精益求精追求卓越的工匠精神。

（三）数据结构教学全过程中实施思政育人

为达成知识、能力和素质等多方面的课程目标，教师需要改革传统的教学方法，构建以学生为中心的线上线下、课内课外、理论实践多维融合的新型学习模式，激发学生的主动性、积极性。例如，在平台建设立体的全方位的教学资源，采用翻转课堂教学模式，利用线上资源指导学生在课前自主学习基础理论知识，引导学生充分参与讨论，生生互评、教师点评，拓宽教学时间，延伸教学空间，使学生具备规划和管理时间、利用资源自主学习的能力，全面提高学生的自学、自控和自省能力。

学生带着问题走进线下课堂，进行案例分析和讲解的综合学习。课堂教学多以小组合作形式展开，通过任务驱动、启发引导，采用"查""演""论"的教学方法：引导学生查阅资料、提出解决方案，上讲台演讲阐述想法与观点，加强思想交流，展示学习成果，把成果写成小论文。教学过程还采用"讲""释""做"的教学方法：课堂上教师讲与专业知识关联的科技内容或背景故事，解释学生提出的问题，引导学生课后做调研、实践，甚至制作微视频等。综合提高学生分析问题和解决问题的能力，全面实现价值引领和立德树人。

教师还可以在教学课件中插入与课程内容和思政主题相关的图片，建立二者的紧密关联性。教学中播放与科技、代表性人物、里程碑事件相关的视频，提升学生学习兴趣的同时，潜移默化地使学生从故事中升华思想和精神。

线下综合实践需小组成员通力合作，完成从分析问题、任务分工、编码、联调、测试及汇报的全部任务。鼓励学生在解决问题的过程中尝试创新，在挑战中塑造追求卓越的工匠精神，提升团队协作精神。

在课程设计环节，教师还可以创设软件企业开发情境，开展敬业、守法、诚信等道德教育，引导学生践行社会主义核心价值观。

（四）优化数据结构教学评价体系，检验思政教育成效

数据结构的课程思政教学实践，为保障更好的课程目标达成度，需要在思政元素的挖掘、切入点、切入方式、全过程考核模式的优化等方面仍需持续改进。数据结构课程在知识传授、能力培养中实现价值引领，教师需要坚持课程思政教育的先进理念，采用课程思政教育的科学方法，大胆进行课程思政教育的实践创新，实现专业培养和思政教育的双重目标。

第三节　编译原理课程思政的教学实践

一、结合编译原理学科特点进行思政教育

编译原理是计算机专业学生的一门重要专业基础课，其知识结构贯穿程序设计语言、系统环境以及体系结构，能以相对独立的视角体现从软件到硬件协同的整机概念；同时，其理论基础又涉及形式语言与自动机、数据结构与算法等计算机学科的许多重要方面，它有一定的理论性，又有一定的实践性，具有多学科交叉的特点。编译技术基于计算机语言学，前端通过形式语言学对计算机语言进行形式化分析，后端针对计算机体系结构进行优化，它是社会科学与自然科学交叉的学科，体现了人文精神和科学精神的结合。结合编译原理课程特点，融入人文精神和科学精神等思政元素，正是对"全课程育人理念"的实践，引导学生认识到人文精神与科学精神的相互统一和辩证关系，共同推动计算机科学的进步。

二、结合编译技术学术志向开展思政教育

编译技术，作为一门计算机科学领域的核心学科，起源于 20 世纪 50 年代的美国，经过半个多世纪的发展，已经日趋成熟。在这个领域，国内一直非常重视编译技术的发展，并致力于培养编译技术人才。中国的企业在克服重重困难的同时，不断追赶学术前沿，确保信息的自主可控性，并取得了显著的进展。因此，发展我国自主的信息基础产业成为未来计算机专业学术研究的主要动向之一。

在编译原理课程中，将学术志向与思政教育相结合，可以为学生提供更加全面的教育体验。这种融合不仅有助于提高学生的专业技能，还可以培养学生的道德品质和爱国主义热情。下面将详细讨论如何结合编译技术学术志向来开展思政教育。

首先，编译技术是一门需要深入研究和不断创新的学科。在编译原理课堂上，可以引导学生关注最新的研究成果和技术趋势。这有助于培养学生的学术兴趣和研究志向，激发他们不断进步的动力。通过学习先进的编译技术，学生可以积累丰富的知识和技能，为国家的信息产业发展做出贡献。

其次，编译技术在信息安全和自主可控方面具有重要意义。在当今数字化时代，信息安全问题备受关注，而编译技术在软件和硬件安全方面发挥着关键作用。通过深入研究编

译技术，学生可以为国家信息安全事业贡献自己的力量，维护国家的信息主权。这种责任感和爱国主义情感也是思政教育的一部分。

此外，编译技术的发展不仅关乎学术研究，还关系到国家的核心技术竞争力。中国一直在努力实现信息产业的底层基础设施"中国造"，并减少对外部技术的依赖。在编译原理课程中，学术志向可以引导学生思考如何在这一领域做出贡献，推动国内产业的发展，以及如何在国际竞争中占据有利地位。这种思考不仅有助于个人的职业发展，还有助于国家的长远利益。

结合编译技术学术志向开展思政教育对于培养具备学术追求、责任感和爱国主义精神的计算机专业学生至关重要。通过引导学生深入研究编译技术，了解最新技术动态，关注信息安全和自主可控性，以及思考国家产业发展和技术竞争的问题，可以使学生在职业生涯中更有自信、更有使命感，同时也有助于国家信息产业的发展和自主创新能力的提升。这样的教育方式将有助于培养未来信息技术领域的精英，为国家的繁荣和安全做出贡献。

三、创新教学形式开展思政教育

编译原理涉及大量的学科交叉内容，算法复杂且具有一定抽象性导致不易理解，实验课程内容难度较高、代码量较大。所以一直以来在计算机专业课程中编译原理以难教难学著称。如何更好地激发学生的学习兴趣，改善教学效果，实现教学目标，是每个编译原理教师需要思考的问题。通过实际教学实践，在教学过程中采用任务驱动、项目引导、多媒体教学、实验、自主学习等多种教学方法，取得了良好的效果，从而激发了学生的科学探索精神，培养学生的专业基本能力以及探索未知的能力。课堂上多媒体理论精讲、案例分析、课堂讨论，课下以学生通过参考书籍、教学平台、专业论坛、项目引导等进行自主学习为主，教师辅导为辅，完成编译原理课程的学习，将课内、课外学习结合，达到运用系统实现原理解决实际工程问题应用能力培养的目标。

四、结合实验课程开展思政教育

编译原理课程理论比较枯燥，传统教学中教师为本、课程为本、教材为本，理论与实践结合较少、教学方法较为单一。通过引入"理论与实践的辩证统一"这一思政元素，学习和运用辩证唯物主义世界观和方法论，掌握认识和实践辩证关系的原理，坚持实践第一的观点，不断推进实践基础上的理论创新。在实验教学过程中，实验设计结合理论和学生水平进行有针对性的布置，系统而有效训练学生的软件开发能力，达到理论与实践的融会贯通。针对卓越工程计划软件工程专业，依托模块化改革，设定编译原理实验课程模块的实验环节，本课程模块环节设计成三个设计性实验，内容包括词法分析器的设计与实现、语法分析器的设计与实现，每个实验相互联系又递进进行，三个实验完成后，最后再将前面几个实验集成为一个小型的编译器。通过该实验环节让学生掌握简单编译器的设计、实现和维护等方面的技术。

随着新一轮科技革命的发展，新一代人工智能的热潮已经来临，计算机专业人才的市场需求越来越大，对计算机专业教育的要求也随之提高，思政教育在计算机专业教学中的作用越来越重要。今后的教学需格外注重计算机专业和思政课堂教学的有机统一，使二者形成协同效应。

第四节　计算机网络课程思想政治教育教学体系

计算机网络课程是物联网工程、通信工程、计算机科学与技术等专业的必修课，在工科专业中受众广，具有开展课程思政建设的必要性。同时，该课程涉及计算机网络发展史、体系结构、信息传输原理以及网络技术发展前沿等内容，有很多很好的思想教育切入点。

一、计算机网络课程思想政治教育建设思路

专业课程的思政建设与思想政治理论课学习要同向同行，形成协同效应。不同类型的学校，其政治理论课的授课时间有很大差异；同学校的不同专业、不同学校的相同专业，其专业课程的设置也相差甚远。因此，对专业课程的思政教育体系的建立要结合本专业的课程体系设计。以下以物联网工程专业的计算机网络课程为例来讨论如何进行专业课程的思政教育体系的建立。

计算机网络是物联网工程专业必修课，系统、全面地讲授计算机网络发展历史、基本概念、体系结构、信息传输原理、关键协议以及典型应用，课程还对当前常用的以太网、无线局域网以及无线蜂窝网进行介绍。根据物联网工程专业的培养方案，本课程除了要满足相关专业技术毕业要求，还要求学生能够在分析和解决物联网工程，尤其是林业物联网问题时，综合考虑其中的社会、道德、法律、文化及环境等制约因素。

在制订课程的教学大纲时，可以把教学目标确定为：使学生系统了解计算机网络和互联网的发展历史及体系结构，掌握信息交互和共享的基本原理，深刻理解计算机网络分层的原因，并掌握各层的功能、工作原理和典型协议，能够运用相关基本原理和方法进行局

域网和互联网的分析及应用设计；培养爱党爱国、爱岗敬业、遵纪守法的现代物联网专业技术人才。

二、计算机网络课程思想政治教育目标确立

根据思政目标，确立计算机网络课程思想政治教育总目标；然后，根据课程思政目标，细化每一节课的思想政治教育目标，从而形成一个完整的思政目标体系。

设定专业课程思政目标时，有两个方面需要考虑：一方面，要与其他课程思政目标相互关联、相互呼应，综合考虑本专业培养方案总体目标和其他课程思政教育培养目标，避免不同专业课程思想政治教育目标"各自为战"和相互重复，恰当地在不同课程安排不同侧重点的思政教育。另一方面，专业课的思政教育目标要有足够的元素支撑，不能随心所欲，所设计的思政教育目标要能够通过挖掘专业课内容中的思政元素进行有效支撑。

综合考虑以上内容，本专业的计算机网络课程思想政治教育目标确定为：通过展示计算机网络发展史以及我国在计算机网络方面取得的成果，增强和厚植学生民族自豪感和爱国主义情怀；以协议演进和技术更新背景以及当前技术瓶颈为依托，让学生具备使命感，树立自立自强的奋斗精神；从辩证的角度来看待技术的优缺点，提升学生的科学分析能力；通过网络安全典型事件，引导学生树立正确的价值观，增强法治观念。

在总课程目标指导下，经过分解和处理，设计各章节思想政治教育目标。在设计章节的目标时，须解决和处理好三个问题：①挖掘课程的思政元素，立足协同理念，设定具体章节思政教育的教学目标；②各章节的思想政治教育教学目标具有内在逻辑关联；③形成规范性、指导性文件，要把具体的教学目标写入教学大纲和教学日历，形成"专业课程思政"的教学指导文件。

此外，还需要将章节的目标落实到具体的课程，形成单次课的教学目标。在进行单次课的思政目标设计时，需要将其与具体专业课内容有机融合，而不是作为一个单独的内容，生搬硬套，这部分内容将在教学管理中具体讨论；每节课的课程目标要具有可评价性，包括对目标的实现以及实现情况、课堂效果进行评价。

三、计算机网络课程思想政治教育教学设计

课程思政教学不同于思政课程的教学，应避免生硬的教学方式，须选择合适的案例，紧密结合课程内容，同时避免"泛化"和同质化。在教学方法的选择上，应该采取多样化方式，可以以讲授法为主、案例教学法为辅，选取一些学生"耳熟"的例子，通过介绍例子背后的故事，让学生在情感上同时产生触动。此外，还可使用情境教学法，利用多媒

体、视频等工具，让学生进入相应的情境中，产生情感"共鸣"和精神"共振"，再结合课程具体内容和生活实践，"延伸"到家国情怀及民族精神，像长城防火墙这类的典型事例，都是很好的切入点。除上述的案例教学和情境教学外，开展小组讨论也是可采用的方法，"真理愈辩愈明"，在相互讨论和辩论中，可以让学生更多地了解课程内容背后的故事，引导学生向思维深处探索和思考，明确"应该怎么做"，避免出现故事听着很感动、思想上很激动，但实际上不知道怎么做的情况。

在教学内容设计上，思政教育的开展要在课程中显得"自然而然"，不能突兀提起，而要利用某个教学知识点很自然地展开。因此，切入的方式应是巧妙自然的，教学内容上要能够平滑过渡，不要过于直白而沦为简单说教。内容切入可以采用下面三种方法：

第一，以问题为楔子，即利用生活中的某个实时新闻为引子，联系课程内容，提出问题来引导学生的思考，并开展小组讨论。

第二，以具体知名事件或应用案例为导入，以与某次课专业知识点相关的事件或案例为具体思想政治教育切入点，进而通过阐述该事件或案例背后隐藏的思政元素，来实现正确的价值观的传递。

第三，基于故事及情境，在介绍隐藏有故事或有趣的背景知识的专业知识时，通过讲述故事或播放视频的方式，阐述故事带来的启发，引导学生思考，推出思想政治教育的主题。

在思政教育时机的选择方面，应尽量做到有铺垫，不机械，根据课堂上学生的学习状态和课堂氛围，在不影响上课进度和不破坏专业知识内在逻辑的前提下，自然引入思政教育内容。

四、计算机网络课程思想政治教育评价方法

课程的建设成效体现在，教学能够立足课程，重点考查学生的思想发展过程，教师能够运用考查结果，对教学过程和方法进行反思和改进。对课程思政的教学效果的评价，采用客观的量化评价和主观的效果反馈相结合，注重教和学的过程评价，客观看待学生的反馈评价，并利用科学评价的结果，来提升思政教学的效果。

第一，评价主体，采用包括授课教师和同班学生的多主体评价模式。授课教师基于教学过程中的材料和考试结果进行综合性评价，评价结果能够适当地显示内在的区分度，即给出描述性的达成情况分析。同班学生间的相互评价，主要依赖于学生间的相互了解，通过调查问卷或投票的形式进行自我评估、相互评价。

第二，评价方法，遵循过程为主和结果为辅的评价原则，采取形成性评价为主的过程

评价方法，这种评价方法可以全面反映出每个学生发展的情况，还能避免与其他思政课程的"抢功"问题。任课教师要根据学生在小组讨论记录中的表现和小作业、撰写的论文、调查或研究报告，记录和描述学生不同方面的表现，准确描述学生思想上的发展和变化。思政教育结果包括学生试卷思政内容得分情况以及学生预期、教师课程设计预期的达成情况，其中学生预期达成情况可以通过调查问卷的形式得到，教师课程设计预期达成情况要综合考虑学生过程中的表现和试卷得分情况，以课程思政目标达成情况分析表的形式呈现。

课程的评价结果不仅反映学生真实的思想水平，为后续其他课程的思政设计提供依据，而且这也是教师思政教学改进的原始依据。结合各方面的评价结果，任课教师需要进行反思：本课程的思政目标设计是否合理，对相关的思政元素是否进行了深刻挖掘，与课程的知识结合得是否自然，教学切入点选择是否合适，教学设计是否得当。

第五节　C语言融入课程思政的教学实践

课程思政的本质就是立德树人，是指把思政教育理念运用到专业课程教学中，通过专业课程，培养学生的思想道德素质，实现德技并修，促进学生身心健康的全面发展。因此，如何在专业课教学中将思政教育与技术技能培养有机统一，是每一位专业课教师都必须认真思考的问题。C语言作为计算机专业的专业基础课程，尤其是作为计算机专业新生入校后接触的第一门专业课程，将思政教育、立德树人的根本任务落实到课堂教学中对于学生成长和成才具有重要的作用。

一、C语言融入课程思政目标的确定

C语言作为计算机专业的一门专业基础课，根据行业企业调研和应用需求，确定其课程目标是培养学生掌握程序设计的基础知识、基本理论和基本方法技能，学会运用C语言编写程序解决各种实际应用问题；培养学生具有分析问题和解决问题的能力，并为后续的面向对象编程类专业课程奠定程序设计基础。在C语言这门专业课中融入思政教育是使学生在学习专业技能知识的同时，能够潜移默化地接受爱国主义教育，增强国家、社会、家庭责任，培养个人具有良好的道德素养和职业素养，同时提高编写程序的质量和效率，达到成为拥有专业技术能力和良好人文素养的高素质复合型技能人才的目的。

（一）知识能力目标

第一，掌握程序设计的基础理论知识，熟悉程序设计的基本思想、方法和技能。

第二，熟悉 C 语言的基本语法知识，能运用 C 语言编程解决各种实际应用问题。

第三，熟悉程序设计的顺序、选择和循环三种基本结构，能运用这些知识画出流程图并编写程序解决各类算法问题。

第四，通过综合项目或课程设计的练习，熟悉项目的总体编写流程，培养较好的编写代码能力，能运用 C 语言编写较大型的应用项目，解决各类实际问题。

第五，熟练掌握 C 语言编程的各项知识，并为进一步学习其他面向对象的程序设计课程打下坚实的基础。

（二）思政目标

第一，爱国主义教育，深刻理解 C 语言作为基础的编程语言对我国信息技术发展乃至经济、社会发展的重要作用，注重培养学生的爱国主义教育和社会责任担当。引导学生树立与时俱进的学习意识，投身科学研究和技术创新的远大理想，激发学生强烈的爱国主义使命感与社会责任感。

第二，创新思维教育，强调学生要善于动脑思考，勤于动手实践，理解实践是检验真理的唯一标准，认识到上机动手实践对于编程的重要性。通过编程实践，让学生养成良好的职业习惯，激发学生的创新思维，引导学生从程序的角度理解、分析、解决复杂问题，培养严谨认真、实事求是的工作态度和精益求精的工匠精神，具有热爱科学、实事求是的学风。

第三，素质道德教育，树立学生正确的人生观，正确对待个人利益与国家、集体利益的关系，培养家国情怀；培养学生正确的职业观和价值观，清晰地认识到软件开发专业人员的工作性质和社会价值。通过程序设计项目小组分工合作，培养学生的团队协作精神、沟通交流能力、诚信友善品质等。

二、C 语言融入课程思政的设计思路

课程思政是培养德、智、体、美、劳全面发展人才的重要途径，C 语言作为计算机专业必修的专业基础课程，在专业课教学过程中融入课程思政，要充分挖掘信息世界每个知识点除固定语法和思维方式之外所蕴含的更深层的现实寓意，即充分考虑 C 语言教学过程中各个知识点的思政融入问题。C 语言程序设计这门课程虽然注重技术和理论的传授，但

是也需要借助适当的方式和思路，全过程融入课程思政内容，为全面提高学生的思想素质和社会责任感，其课程设计思路主要有以下方面：

第一，增强学生的爱国意识。C 语言是一种很重要的编程语言，涵盖了很多关键性质和表达方式。教师在授课过程中可以通过设计一些 C 语言编程与国家、民族以及公民素质相关的案例，加强学生的爱国主义教育和社会主义核心价值观教育。

第二，激发学生的创新思维。C 语言在计算机应用领域广泛运用，在教学过程中将 C 语言与真实的应用场景结合起来，鼓励学生在课程中讨论并尝试编程解决一些实际应用的题目，譬如百钱百鸡、判断素数等需要人力大量计算而通过编程计算机却很容易解决的问题，以此引发学生的学习兴趣，激发学生的创新思维。

第三，引导学生关注社会责任。C 语言有广泛的应用场景，随之而来的也包括众多社会问题，如众所周知的网络安全、密码设置和隐私保护等问题。通过介绍、查阅近年来关于这些问题的新闻和案例，引发学生关注，在编写 C 语言程序过程中遵守职业道德规范和法律法规，牢记自己的使命担当和社会责任。

第四，培养学生的团队协作精神。编程通常会应用于大型企业或团队开发项目中，在教学过程中尤其是编程实践中指导学生学会团队协作，以项目开发小组的形式编写完成应用程序综合项目或课程设计，鼓励学生在完成综合项目的过程中分享自己的创意和技能，并乐于接受他人的意见和建议，互相学习、互相帮助，充分体现"三人行必有我师焉，择其善者而从之，其不善者而改之"的精神，从而培养学生的团结协作精神和良好的人际沟通能力。

第五，提升学生的个人道德素质。从 C 语言的使用特点出发，课程思政在 C 语言的教学过程中可以将注意力放在学生的个人道德素质和为人处世上，讲解数据类型、运算符等各类基础理论知识的同时引导学生践行诚实守信、尊重合作等品德，让学生进一步认识到社会正义、个人责任、职业操守等概念，提高学生的个人道德素质。同时教师也可以针对学生的思想、意识、行为等方面进行思政教育，贯彻落实国家关于思政教育的各项规定，从而提升学生的思想素质、认识水平和道德修养。

三、C 语言融入课程思政教学内容的组织实施

（一）教学案例的选取与设置

C 语言具有语言简洁、功能丰富、使用灵活、可移植性好等高级语言的优点，又具有低级语言的许多特点。选取和设置教学案例时以理论知识"必需，够用"为度，以生活中

常见问题为切入点，将思政教育适当地融入其中。

教学案例一：爱国主义教育融入数据类型知识点。讲解 C 语言数据类型时，将国家民族个数、省市地区个数、学校院系专业个数、班级人数等设置为整型数据，将国家人口、省市人口、学校师生人数等较大的数字设置为长整型数据；将国土面积、海岸线长度、家乡所在省市面积、家庭到学校的距离等数字设置为实型数据，在课堂上完成数据类型的讲解，编写程序对变量进行定义和输出。同时设置类似实践任务，让学生上网搜集资料提高自己素质能力的同时了解国家相关数字，让学生在学习专业知识的同时提升爱国意识和民族自豪感。

教学案例二：规范意识和职业素养融入顺序结构知识点。在讲解顺序结构知识点时，格式输入输出作为重点，输出语句 print（f）将输出社会主义核心价值观或者自己最喜欢的格言或描述家乡的宣传语句等作为案例，输出时从简单到复杂，从一行输出到多行输出逐步提示讲解，增强学生知识的同时提升学生的社会责任感和个人道德素质。讲解输入语句 scan（f）时，重点讲解其输入格式，强调输入格式一定要与程序中的格式符一一对应，不能省略也不能添加，将规范编码的行为从编写程序引申到日常行动中，培养学生的规范意识和职业素养。

教学案例三：遵纪守法和社会责任融入选择结构知识点。选择结构讲解多分支语句时，设置个人所得税的简单计算这个实际项目，从分段计算所应缴纳税额开始，穿插讲解"依法纳税是每个公民应尽的义务"，在教学过程中强调法律意识和职业道德教育，引导学生树立正确的法治观念和良好的职业观，深化对法治法律的理解，遵守软件开发人员的职业道德，提高运用法治思维和法治方式解决问题的能力，引发学生思考自己的职业责任、社会责任，让学生了解行业规范、企业文化，培养学生遵纪守法、社会责任等职业素养。

教学案例四：创新思维融入循环结构知识点。循环结构知识点通过求解 1 到 100 的和、百钱百鸡、水仙花数等典型案例进行讲解，要求学生在学习循环语句基本用法以及传统的编程方法基础上加以思考，有没有更好的解法等激发学生的创新思维。例如，在编写程序输出水仙花数时，传统的编程方法是从 100 到 999，按照水仙花数的要求，逐次取出个位、十位、百位上的数字，把数字运算后得到符合条件的水仙花数并输出。这时候可以启发学生另起一种思路，直接将个位、十位、百位上的数字设置为循环变量，通过循环的嵌套完成输出应该如何编程？通过开阔学生计算思维，能够更好地启发学生的编程思路，培养学生的创新意识。

教学案例五：态度责任意识融入数组知识点。学习数组的定义、引用等知识点时，设置学生学习成绩管理的案例，将学生的学习成绩定义为数组，通过对学生的学习成绩进行存储、查找和比较，求出最高成绩、最低成绩、平均成绩以及成绩排序等实际问题，学习数组元素的存放、遍历和比较、排序知识，学会利用数组完成简单数据处理的编程思路和编程技巧。学生成绩管理的实际项目编写能够帮助学生端正学习态度，引导学生认真学习专业知识，培养责任担当意识，树立正确的人生观和价值观，促进学生成才。

（二）教学内容的安排与组织

针对计算机专业知识体系需要，理论教学过程中以知识传授与课程思政相融合为宗旨，将爱国意识、创新思维、个人道德素质等融入知识点，在教学过程中充分把专业课知识的教育与思想政治的教育结合起来，引导学生树立正确的世界观、人生观和价值观，做到与时俱进融政策，教学过程全思政。将 C 语言的教学内容进行序化整合，先后依次讲解 C 语言的数据类型、程序设计的三种基本结构、数组、函数和指针等知识，从易到难，逐步深入，最终实现立德树人的根本任务。

实践教学主要结合课堂讲授的内容和进度，首先学生模仿操作，检查自己所编的程序是否正确，根据输出结果正确与否学会纠错和思考以及程序的改进优化。其次教师设置类似或相关程序，在程序中融入思政教育，要求学生搜集、整理程序所需信息，创新性地设计程序编码，让学生真正运用程序去解决实际问题，以达到学以致用的效果。最后教师通过耐心地引导，使学生进一步认识程序设计与社会发展之间的联系，进而凸显课程思政内容。

通过综合项目实训对所学知识进行融会贯通。在学期末引入综合的实践项目，如运用 C 语言完成学生学习成绩管理系统的项目，培养学生的团队协作意识，提高学生与人沟通的能力。综合程序的开发往往需要团队协同完成，采用团队合作模式会让学生意识到团结协作和互相尊重的重要性，摆脱个人主义，培养团队合作意识。

教学过程中为达到促使学生成才的目的，将教学重点放在如何将思政教育恰当地融入 C 语言的各个知识点，进而形成典型的可供参考的课程思政案例；教学难点在于如何运用 C 语言编写程序解决实际生活中存在的各种问题，提高学生的程序开发能力以及课程思政潜在的立德树人任务。

课程思政融入 C 语言教学过程中能够进一步提升学生的道德素质，激发学生的学习兴趣和主观能动性，同时也促成了立德树人的课程思政目标的达成。在 C 语言教学过程中融入课程思政，充分整理挖掘课程思政素材，探索建设典型课程思政案例，实施教、学、做一体化，引导学生了解国家社会责任、职业责任，培养良好的道德素养和职业素养，加强爱国主义教育，有利于加强学生价值观引导和理想信念的培育，提高他们的实践能力、创新思维、团队协作能力和社会责任感，促进学生全面发展，最终实现立德树人的教学任务。

参考文献

[1] 蔡伽，欧丽辉. 开放大学计算机类公共课课程思政建设探究 [J]. 河北开放大学学报，2023，28 (04)：28-31.

[2] 曾浩. 计算机课程教学中的项目教学法分析 [J]. 集成电路应用，2023，40 (01)：266-267.

[3] 陈美伊. Web 前端开发基础课程思政标准化教学路径研究 [J]. 中国标准化，2023 (18)：213-215.

[4] 陈益，胡玥. 融入课程思政的计算机组成原理教学探索 [J]. 计算机教育，2023 (10)：53-56+62.

[5] 崔璐. 基于互联网的计算机课程教学模式设计 [J]. 电子技术，2023，52 (06)：342-343.

[6] 代治国. 新工科的计算机课程教学模式实践 [J]. 电子技术，2023，52 (03)：96-97.

[7] 翟哲. 数字化赋能高职计算机课程教学探究 [J]. 福建电脑，2023，39 (08)：104-108.

[8] 杜志鹏. 计算机课程教学设计与实施分析 [J]. 集成电路应用，2023，40 (03)：268-269.

[9] 冯翠平. 课程思政与思想政治课程协同育人探索 [J]. 中学政治教学参考，2023 (5)：21.

[10] 龚玉清，彭俊，陈钰颖，等. 计算机应用基础课程思政教材建设 [J]. 计算机教育，2023 (08)：212-216.

[11] 顾海珍. 程序设计语言-C 课程思政的元素挖掘、教学实施及效果评价 [J]. 常州信息职业技术学院学报，2023，22 (04)：37-40.

[12] 何淑贞. 学生理想信念教育探析 [J]. 教师博览（科研版），2013 (2)：5.

[13] 黄佳. 高校思想政治教育目标的反思与完善 [J]. 科教导刊，2016 (7)：66.

[14] 姜丹，王辉. 以培养计算思维能力为核心的计算机课程教学改革研究 [J]. 中国新

通信，2023，25（13）：149-151.

[15] 姜丹，张宾．基于情感引导式的计算机课程思政教学 [J]．计算机教育，2023
（10）：67-71.

[16] 蒋仁祥．高校计算机课程教学中微课的应用研究 [J]．内江科技，2023，44（08）：
106-107.

[17] 蒋欣岑，杨先凤．数据库原理及应用课程思政建设 [J]．计算机教育，2023（10）：
57-62.

[18] 孔凡芳．浅析学生思想政治教育价值研究 [J]．课程教育研究，2015（33）：58.

[19] 李静．基于产教融合的计算机课程教学实践 [J]．电子技术，2023，52（06）：114-
115.

[20] 李天娇．基于互联网的计算机课程教学设计 [J]．集成电路应用，2023，40（03）：
240-241.

[21] 李艳．高职院校 C 语言融入课程思政的教学探索与实践 [J]．现代职业教育，2023
（26）：173-176.

[22] 李勇．高校计算机微课教学体系构建策略 [J]．百科论坛电子杂志，2020（13）：
1316.

[23] 梁娟，刘丹，卫娟，等．数据库原理及应用课程思政建设的探索与实践——以河南
工学院为例 [J]．电脑知识与技术，2023，19（24）：51-52+60.

[24] 林海．计算机课程教学中的双创教育分析 [J]．集成电路应用，2023，40（06）：
286-287.

[25] 刘爱琴，张素兰，谢丽萍，等．基于 OBE 理念的计算机专业课程思政教学探索 [J]．
计算机教育，2023（10）：77-81.

[26] 刘金良．基于互联网的计算机课程教学实践 [J]．电子技术，2023，52（02）：346-
347.

[27] 卢利琼．五位一体的高校计算机网络课程思政实践 [J]．中国教育技术装备，2023
（18）：62-65.

[28] 孟昭苏．高校学生主体性养成研究 [J]．安徽冶金科技职业学院学报，2022，32
（1）：72-74.

[29] 苗玥，唐思源，邢俊凤．计算机类专业课程思政研究与实践——以操作系统原理课
程为例 [J]．电脑知识与技术，2023，19（24）：137-139+160.

[30] 石书臣．高校思政理论课与通识教育课程的关系探讨 [J]．中国高等教育，2011

（05）：21.

[31] 苏小红，张彦航，张羽，等. 高级语言程序设计课程思政建设的探索与实践 [J]. 计算机教育，2023（08）：51-55.

[32] 孙逸敏. 分层教学法在高校计算机课程教学中的应用思路 [J]. 教育教学论坛，2022（50）：165-168.

[33] 王彬杰，齐振国. 计算机课程教学中的互评设计分析 [J]. 电子技术，2023，52（01）：142-144.

[34] 王姝，郝宁，陈宁宁，等. 新时期大学生心理健康教育的思考 [J]. 中国继续医学教育，2022，14（20）：148.

[35] 王淑荣，董翠翠. "课程思政"中专业课教师政治素养的四重维度 [J]. 河南师范大学学报（哲学社会科学版），2022，49（02）：137.

[36] 温莉春. 计算机基础与应用课程思政探索研究 [J]. 职业，2023（15）：20-22.

[37] 肖兰兰. 从文化自觉到文化自信 [J]. 求实，2013（4）：68.

[38] 燕连福，温海霞. 高校各类课程与思政课同向同行育人的问题及对策 [J]. 高校辅导员，2017（04）：13.

[39] 杨金铎. 中国高等院校"课程思政"建设研究 [D]. 长春：吉林大学，2021：55.

[40] 杨黎鑫. 高校大学生思想政治教育探究 [J]. 辽宁师专学报（社会科学版），2022（2）：75.

[41] 杨希，孔德尉，于旭蕾. 计算机课程教学中的创新实践 [J]. 电子技术，2023，52（07）：106-107.

[42] 张琪立，王超，薛思敏，等. 智慧课堂背景下计算机课程教学改革探索 [J]. 电脑知识与技术，2023，19（07）：168-170.

[43] 张铨洲. 课程思政建设中发挥学生主体性作用研究 [D]. 天津：天津工业大学，2019：1.

[44] 郑永廷. 思想政治教育学原理 [M]. 北京：高等教育出版社，2016（01）：114.

[45] 朱齐亮. 计算机网络技术课程思政建设探索 [J]. 河南教育（高等教育），2023（09）：84-86.